rororo

Im Herbst 1927 brachen Erika und Klaus Mann zu einer Weltreise auf. Über ein Dreivierteljahr lang fuhren sie durch die USA, besuchten Hawaii, Japan, Korea und die Sowjetunion. Sie trafen Prominente von Greta Garbo bis Emil Jannings, und sie entdeckten viel Unbekanntes. Nach ihrer Rückkehr schrieben die Geschwister über ihre Erlebnisse einen anekdotenreichen, launigen Bericht. In der vorliegenden Edition dieses einzigartigen Dokuments werden die 35 Fotos aus der Erstausgabe von 1929 wiederabgedruckt, und Uwe Naumann berichtet im Nachwort über Einzelheiten und Hintergründe der ungewöhnlichen Reise.

Erika Mann (1905–1969) und Klaus Mann (1906–1949) waren die ältesten Kinder von Thomas und Katia Mann. Ihre Werke erscheinen im Rowohlt Taschenbuch Verlag.

ERIKA UND KLAUS MANN

Rundherum

Abenteuer einer Weltreise

Mit Originalfotos

Nachwort
von Uwe Naumann

Rowohlt Taschenbuch Verlag

Die Erstausgabe erschien 1929
im S. Fischer Verlag, Berlin

Einmalige Sonderausgabe Mai 1999

Veröffentlicht im Rowohlt
Taschenbuch Verlag GmbH,
Reinbek bei Hamburg, Mai 1982

Umschlaggestaltung:
Buchholz / Hinsch / Hensinger
Abbildung: Aristarkh Lentulov
Satz Garamond (Linotronic 500)
Gesamtherstellung Clausen & Bosse, Leck
Printed in Germany
ISBN 3 499 22652 9

Unserer Mutter
Mielein gewidmet

I

Schauplatz: Ein Landerziehungsheim in Feldafing am Starnberger See, während der Ferien als Hotel benutzt.

Personen: Die Dircktrice des Landerziehungsheimes, während der Ferien Leiterin des Hotels; Erika.

Direktrice: Ich bin auch eine starke Verehrerin Ihres Herrn Vaters.

Erika: Hm.

Direktrice: Wir gehen immer in seine Vorträge.

Erika: Welchen haben Sie denn zum Beispiel gehört?

Direktrice: Wir wollten alle zusammen in seinen Vortrag über München als Niedergangsstadt, aber es war ja wieder überfüllt.

Erika: Hm. (Nimmt stumm einen Bleistift, um mitzuschreiben, schaut sie innig und erwartungsvoll an.)

Direktrice: Viele finden ja den Thomas Mann zu kraß, aber ich bin selber ziemlich modern.

Erika (schreibt stumm, ohne den Blick von ihr zu lassen).

Direktrice: Der Heinrich Mann ist allerdings noch krasser. Der ist Realist bis auf die Knochen. Aber schließlich kommt man ja in den Zeiten nicht anders weiter.

Erika (klappt das Notizbuch zu).

Hierzu kam, daß es uns verboten war, in den Gängen des Landerziehungsheims in Bademänteln spazierenzugehen; daß die «Münchener Neuesten Nachrichten» ganz ungerecht zu unseren Darbietungen standen; daß unsere Freundin Gretel Walter, Brunos ausgezeichnete Tochter, uns so anschaulich von Hollywood erzählt hatte. Wir erinnerten uns also, daß Boni and Liveright uns vor einiger Zeit aufgefordert hatte, Vorträge in den Staaten zu halten, wahrscheinlich um die Aufmerksamkeit der Leute ein bißchen mehr auf ein kleines Buch zu lenken, was in Deutschland «Kindernovelle» geheißen hatte und in New York als «The Fifth Child» herauskam.

Wir telegraphierten kurz entschlossen an den Verlag, daß wir bereit seien zu kommen und recht viel Geld haben wollten. Am selben Tage reisten wir nach München, wo wir verschiedenes zu tun hatten. Zunächst begaben wir uns in Schenkers Reisebüro und bestellten Schiffskarten für vierzehn Tage später; dann erhandelten wir bei Ackermanns Nachfolger «1000 Worte Englisch», broschiert, im Ullsteinhause erschienen. Dann trafen wir uns mit einigen Bekannten im Hofgarten, denen wir schlicht, aber mit einem gewissen Pathos erklärten, ein lang verschwiegener Plan sei spruchreif geworden, monatelange Verhandlungen hätten zum guten Ergebnis geführt, und wir reisten noch diesen Monat. Dasselbe telegraphierten wir auch unserer verehrten Großmutter in die Arcisstraße und unsern lieben Eltern nach Kampen.

Alles dieses unternahmen wir aus schlauer Berechnung, indem wir uns selber gleichsam überlisten wollten. Denn wir sagten uns, vollkommen richtig: wir sind imstande, diese Reise, die wir doch sehr gerne machen möchten, zu verbummeln, wenn wir uns nicht bei groß und klein auf sie festlegen und als die Blamierten dastünden, unternähmen wir sie dann nicht.

Am nächsten Tage kam die Antwort von Liveright. Er sei von Herzen interessiert, – aber die season sei overcrowded, dieses Jahr ginge es nicht. Wir drahteten prompt zurück: Vielen Dank, wir kommen nun also, verbrannten sein Telegramm, erzählten allen Bekannten, die Tournée wüchse uns fast schon etwas über den Kopf, und packten gleich unsere Koffer.

In Berlin und Hamburg gab es noch sentimentale Geselligkeit, in Cuxhaven verlud man uns mit unsern vierzehn Gepäckstücken und der Ziehharmonika auf die «Hamburg», wir wurden photographiert, und die Leute sangen: «Muß i denn zum Städtele hinaus?» – Ein Herr, der uns bis Cuxhaven begleitet hatte, erzählte später, es sei sehr hübsch und stimmungsvoll gewesen.

Wir fuhren zweiter Klasse, weil man uns glauben gemacht hatte, es sei dort ebenso schön wie in der ersten, was sich als ein Irrtum erwies. Erika hatte ihre Kabine mit einer Frau aus Pforzheim und deren zwei halbwüchsigen Töchtern, die alle drei die Eigenart besaßen, noch nie im Kino gewesen zu sein und sehr zur Seekrankheit zu neigen, sich aber andrerseits gerade vor dieser Krankheit ganz besonders zu fürchten. – Klaus wohnte mit einem jungen Metallarbeiter aus München-Giesing, der ihm übrigens sehr sympathisch war, und zwei Herren aus dem New Yorker Getto, beide mit goldenen Zähnen. Das Essen war ziemlich gut. Nach dem ersten Dinner schrieb uns ein gewisser Herr Schofel ein Brieflein, er sei auch gebildet und passe, so wie wir, nicht recht ins hiesige Milieu.

Wir machten uns inzwischen schwerwiegende Sorgen. Man hatte uns gesagt, amerikanische Journalisten seien höflich nur gegen wohlhabende Leute, wenn sie uns aber zweiter Klasse ankommen sähen, könnten sie uns leicht für ärmlich halten. Denn daß sie rudelweise, uns zu interviewen, an Bord eilen würden, war doch wohl ausgemacht. Nach langem Tüfteln setzten wir folgende Depesche auf: «Von Reise außerordentlich ermüdet; möchten sämtliche Reporter erst im Hotel empfangen.» – Das war etwas, anderes blieb noch zu überlegen.

Bekanntlich müssen alle Fremden, die in Amerika beachtet werden wollen, eine Puschel haben, ein «hobby», aber etwas Ausgefallenes muß es sein. Tenor Slezak hatte sich für eine weiße Ziege entschieden, Roda Roda trägt die rote Weste sowieso, Emil Ludwigs Frau ist Afrikanerin, Graf Keyserling kann nur bestimmte Sektmarken trinken. Was blieb uns also? – Wir schwankten zwischen Schildkröten, einer Stutzuhr und einer Bruthenne. Dann fiel uns die Sache mit den Zwillingen ein. Es mußte etwas Rührendes haben, wenn wir als Zwillinge reisten, auf den Plakaten wirkungsvoll aussahen, von Gott gewollt und dabei sensationell, gerade durch seine Bescheidenheit würde dieser Trick unfehlbar wirken. Wir kabelten Liveright: «Haben vergessen, Euch mitzuteilen, daß Zwillinge sind.»

Nachdem wir uns solcherart von den Sorgen befreit hatten, stürzten wir uns etwas mehr in den Taumel der Geselligkeit. Unsere Deckstühle standen dort, wo es zur ersten Klasse hinaufging, so daß wir sowohl mit unseren Kameraden aus der zweiten als auch mit einigen feinen Bekannten, die erster fuhren, Kontakt behielten. Diese fanden es besonders raffiniert von uns, dort unten zu liegen, da oben eine öde Steifheit herrschte, und kamen des Tags zum Plaudern an unsere Stühle, während sie uns abends delikate kleine Essen im Grillroom gaben. Bei solchen Schmausereien spielte die strahlendste Rolle ein rheinischer Industrieller, der geborene Karnevalskönig und Weinkenner, ebenso gutmütig wie genußsüchtig. Hauptteilnehmer war Gustav Schützendorf, der höchstgeliebte Escamillo und Mephisto unserer Kindertage, der zu seinem Engagement an die Metropolitan-Oper fuhr; bei ihm war die lustige und schöne Grete Stückgold, Metropolitan-Star auch sie. – Manchmal spielten wir auch Schiffstennis und Kegel, das hat uns aber dann die Rote versaut. Dieses Geschöpf, eine der frechsten Pforzheimerinnen, mischte sich, ganz rotgekleidet, unter uns, trieb mit uns den eleganten Sport des Oberdecks und bat uns auch noch, sie zu photographieren. All das erweckte, nicht zu Unrecht, Neid und Gehässigkeit ihrer Freundinnen, die brachten die ganze Affäre vor den Kapitän, und mit ihr wurde uns das Betreten der First-Class-Reviere verboten.

Eines Morgens – hatte man überhaupt noch daran geglaubt? – standen die Konturen der Wolkenkratzer im Grau, und vom Nebel verschönt, hob die Freiheitsstatue den Arm. Wenn uns *einen* Augenblick auf dieser Reise feierlich zumute war, so damals. Wir ahnten etwas: *New York.*

Die wundervolle Nervosität der Ankunft ergriff uns mit den andern; die Feindschaft mit der Roten war vergessen, Herr Schofel nahte sich mit dem Blumenstrauß. Schützendorf winkte mit kostbarem braunen Handschuh, ein paar Journalisten waren trotz des warnenden Telegramms gekommen, aber wir waren viel zu aufgeregt, um englisch zu sprechen.

Am Kai erwarteten uns: der Freund Ricki, der in New York seit ein paar Monaten sein Wesen trieb, Mister Friede, Teilhaber bei Liveright, blendender junger Mann mit Schnurrbärtchen und Verführerlächeln, schließlich ein Abgesandter der Universität Princeton, dessen Qualitäten ins Auge fielen. Ricki umarmte uns, dabei weinten wir alle.

2

In den Zimmern des Astor-Hotels glühen grüne Lämpchen auf, wenn für den Besucher unten in der Office etwas abgegeben wird, ein Brief, eine «message», ein Telegramm. Dann kann er auf einen Klingelknopf drücken, der neben dem Lämpchen angebracht ist, und die Nachricht wird ihm gebracht.

Wenn du die Klappe zu deinem Schreibtisch aufmachst, geht auch drinnen elektrisches Licht an, eine witzige kleine

Rampenbeleuchtung. Die altbewährte Schreibtischlampe täte es auch; doch so macht es mehr Spaß. «Dem Kind im Manne –»

Aber wenn du aus der Tür dieses Astor-Hotels trittst, hast du direkt den Broadway vor dir. Wenn dir pathetische Gefühle kommen bei diesem Anblick, unterdrücke sie nicht. Es war Alfred Kerr, der feststellte, er habe am Broadway oder unten in Wall Street «eine neue Schönheit» geschaut. Wenn auch du diese Empfindung hast, verkleinere sie nicht. Sei andächtig, wenn du zwischen diesen unglaublichen Gebäuden spazierengehst, diese steilen Perspektiven hinunterschaust, die etwas von einer neuen und strengen Gotik haben: sei andächtig und gerührt.

Später dann, wenn du eine Zeitlang spazierengegangen bist, sollst du natürlich zu räsonieren anfangen: über die schlechte Justiz, das Negerproblem, die Sensationspresse, die Prohibition und den primitiven Geschmack. Aber erst, wenn du ziemlich viel spazierengegangen bist.

Unser Freund Ricki trug Blumen aus. Die deutsche Dame, bei der er angestellt war, erwies sich ihm, seiner schwarzen Glutaugen und seines Mundes wegen, als gar zu schwärmerisch zugetan; aber er verdiente ganz nett, und es war lustiger als Tellerabwaschen, das hatte er auch schon gemacht. Er brachte weiße, rote und gemusterte Sträuße zu Opernpremieren, Hochzeiten, Tees; manchmal bekam er stattliche Trinkgelder, die er gern einsteckte. – Zuweilen fand er sich mit einigen Blumentöpfen im Astor-Hotel ein und wollte Tee mit kleinen Kuchen haben. Die verantwortlichen Herren unten waren etwas betreten, wenn er so, Haar in die Stirn und keß aufgemacht, mit seinen Blumenarrangements durch die Lobby trabte. Aber sie gewöhnten sich an ihn, ließen ihn sogar in unsere Stuben, wenn wir ausgegangen waren, und meldeten uns dann, «this fellow» sei oben. Es stellte sich heraus, daß sie ihn für unsern Bruder hielten, und er war es ja wirklich beinahe. Sogar nahm ihr empfindliches Moralgefühl nicht einmal Anstoß daran, wenn er bei uns oben übernachtete, was öfters vorkam, da er sehr weit draußen wohnte und abends meist zu faul war, heimzugehen.

Ricki brachte uns mit seinen Freunden zusammen.

Der eine, ein sehr zartes Kind aus Berlin, war Ausläufer für eine große Firma in Wall Street. Besonders gefiel uns der kleine Student Henry, der kindisch weit aufgerissene schwarze Blitzaugen hatte, auch ein lieblich schlaues Gesicht und zudem einen jener enormen Studentenpelzmäntel, auf den er hemmungslos stolz war; dieses läßt sich verstehen, denn solche Pelze, die nur amerikanische junge Leute tragen, haben einen eigenen Charme, indem sie einerseits ein kapriziös damenhaftes, andrerseits ein rauh nordpolfahrerisches Aussehen geben. – Henry bedeutete die erste Begegnung mit dem Typ des amerikanischen student, von dem wir nachher noch reden werden. Wir merkten gleich, daß er uns gut gefallen würde. – Dann hing Ricki sehr an einem Griechen, der irgendwo an der Stadtperipherie Limonade und Eis verkaufte. Dieser lebhafte und sentimentale Mensch hätte Ricki nötigenfalls tagelang ohne Gegenleistung ernährt, er schickte seiner Mutter wöchentlich eine Kleinigkeit nach Griechenland und hatte ein ganz unvergleichliches Mienenspiel, auch Achselzucken, skeptische und enthusiastische Handbewegungen wie keiner sonst.

Aber wir können die netten jungen Leute nicht alle aufzählen, ihre Zahl ist Legion. Vielleicht werden wir von dem einen oder dem andern noch später berichten. Jedenfalls mangelte es an Umgang nicht.

Wir zogen herum: vom Negerviertel in die Italienerstadt, vom chinesischen Theater in die Metropolitan-Oper, von der Fünften Avenue ins stinkende Getto. New York ist eine der allerallerschönsten Städte (ästhetisch gewertet, abgesehen also von schlechter Justiz, Negerproblem, Sensationspresse und Prohibition). Nirgends fanden wir den Begriff der *Stadt* so erfüllt: alle Völker durcheinandergemischt und lauter Lichtreklamen dazwischen.

Sicher ist New York nicht sehr typisch amerikanisch, in gewissem Sinn ist Berlin «amerikanischer». Ein alter Schwindel ist auch, daß es ein so besonders rasendes Tempo habe; dergleichen ist nur so oft behauptet worden, bis man es glaubte. Daß es auf der Höhe von Neapel liegt, vergißt man; es hat einen südlich unseriösen Einschlag, etwas Träges, Schiebendes, Vergnügungssüchtiges; sogar der wundervolle Lichtreklamenunfug scheint oft nicht mehr dem Geschäft zu dienen, sondern spielender, eitler, großartig kindischer Selbstzweck zu sein. – Man hat die Geräusche New Yorks zu scharf und ratternd stilisiert und weitererzählt. Daß es viele Autos gibt, stimmt; aber weil es viele sind, fahren sie langsam, tuten auch gar nicht, sonst würde einem das Trommelfell springen. – Berlin rattert viel mehr, wörtlich und symbolisch genommen.

Wir essen Reis und uralte Eier im chinesischen Restaurant, verdächtig süße Konfitüren im syrischen; in den großen Cafeterias hat man sich selbst zu bedienen, man bekommt etwas fettige und widerliche Blechtabletts, aber geeiste Milch, Melonen und wundervolle, billige Austern. Manchmal speisen wir auch elegant, in französisch aufgemachten Lokalen, aber eigentlich ist es dort am wenigsten lustig.

Wir gewannen Einblick in die «falsche Bohème», der wir manchen drolligen und manchen hübschen Abend zu verdanken haben; schließlich auch manche Freundschaft, die man dauerhaft wissen möchte. – Der Begriff der «Bohème» ist ja sogar in Städten, in denen er immerhin noch Existenzberechtigung hat, etwas Antiquiertes, Abseitiges und mumienhaft Komisches. Und nun in New York erst. Hier gilt dieses Wort gar nicht mehr, ist ein verstaubtes Opernrequisit. Nur noch der Künstler hat Daseinsberechtigung, der am Leben der Nation Anteil nimmt, es pädagogisch beeinflußt, indem er seine Probleme Gestalt werden läßt. – Trotzdem macht es einer ganzen Gruppe Menschen Freude, inmitten von Wolkenkratzern «Künstlervölkchen» zu spielen, Schwabing, Montparnasse zu kopieren. Ihr Viertel heißt Greenwich Village. Der Spießer geht, wie ins Panoptikum, hin.

Unser ausgezeichneter Freund Friede, derselbe, der uns mit Verführerlächeln am Kai erwartet hatte, gehörte auch ein bißchen dazu. Er war, mit feinem Schnurrbärtchen, ovalem Gesicht und schmelzenden Augen, der allerreizvollste Typ Angelsachse, ein bißchen ästhetizistisch, Snob in irgendeiner Ecke seines Wesens, aber im übrigen von einem echten und in manchen Augenblicken sogar überwältigenden Charme – aus Gefallsucht gütig, kokett und menschenfreundlich, genießerisch und empfindsam; und Mrs. Friede mindestens ebenso anziehend.

Bei ihm gab es diese typischen New Yorker kleinen Bohèmefeste, mit viel Whisky, viel Gin, nachher sahen sich Herren und Damen gemeinsam Fuchsens pikant illustrierte Sittengeschichte an. Bei solchen Festen war es, wo wir viele unserer Freunde kennenlernten.

Monsieur Galentière singt so wunderhübsch Pariser Chansons. Er rekelt sich dabei auf dem Sofa und nähert sich kosend allem, was in seiner Nähe liegt. Später erfährt man, daß er eine sehr künstliche und geistreiche Prosa schreibt und *alle* europäischen Intellektuellen kennt.

Ihm befreundet ist der Verleger Joseph Brewer, der gerne witzige und ausgefallene Dinge herausbringt. Seine expressionistischen Geschäftslokale sind eine kleine Sehenswürdigkeit, und wen man bei Mr. Friede *nicht* kennengelernt hat, trifft man einen Tag später beim Empfang des Mr. Brewer.

Um einige Schattierungen düsterer und seriöser ist der

irische Poet und Kritiker Ernest Boyd. Dieser hat einen roten Vollbart und verfaßt grundgescheite Artikel. – Waldo Frank, dem großes Talent nachgesagt wird, ist der Typ «leicht sentimentaler Naturbursche». Anita Loos, die auf Photographien fasziniert, ist in Wien.

Lassen wir dahingestellt, ob der Reporter und Dichter Sylvester Viereck wirklich ein Vetter unseres Exkaisers ist; auf jeden Fall war er Wilhelms Vorkämpfer und Propagandist in Amerika und sogar schon zu Zeiten, da es noch weniger harmlos war. Er hat von Sigmund Freud sich das Attest ausstellen lassen, daß er unzweifelhaft einen *Vaterkomplex* habe; unter diesem Vorwand läßt er sich mit Bernard Shaw und dem Papst ein, allerdings auch mit Mussolini, der ihm zu knabenhaft sein sollte. Nervös und ehrgeizig wandert er durch die Kontinente, wo es geht, mit Weltberühmtheiten anbandelnd. Nach Kaiser Wilhelm ist es Lord Alfred Douglas, einstmals mit soviel Zärtlichkeit «Bosie» genannt, den er am herzlichsten protegiert.

Übrigens hat Sylvester Viereck wirklich schöne Gedichte gemacht. Seit langer Zeit arbeitet er an einem Epos, das die erotischen Abenteuer des Ewigen Juden behandelt. Es steht zu hoffen, daß dieses Epos stark autobiographischen Charakter tragen wird.

Außerhalb und oberhalb steht *Mencken*, in dessen Hotelzimmer wir einmal zu Mittag aßen und vorzüglichen Rotwein tranken. Er hat jene wundervolle Vitalität, die wir schon bei Sinclair Lewis in Berlin geliebt hatten. Wie sind europäische Prominente (Deutsche besonders)? Zugeknöpft, steif, aus Hemmungen hochmütig und unberechenbar. Die amerikanischen haben Witz und Elan, allerdings weniger Hintergrund und Geheimnis. Sinclair Lewis, der ein Erzähler von ganz großem Stil ist, benimmt sich lustig, wie ein Gassenjunge; ebenso Mencken, der gefürchtetste und geliebteste Kritiker, Satiriker und Ankläger des puritanisch-imperialistischen

Amerikas. Er erzählt Anekdoten, führt ein zwar geistreiches, aber unruhiges und unkonzentriertes Gespräch, das amüsant von einem Gegenstand zum andern springt. Wenn einer auf die Prohibition die Rede bringt, reagiert er wie auf die rote Fahne der Stier. Er erklärt diese Einrichtung als heuchlerische und verderbliche Farce; außerdem, sagt er, wisse er unter Tausenden Amerikanern, die ihm bekannt seien, nicht *einen*, welcher nicht tränke – seine alte Großmama inklusive.

Senken wir geheimnisvoll unsere Stimme, denn wir wollen von Rudolf K. Kommer aus Czernowitz reden, dem Freund und Helfer Max Reinhardts. Man darf nicht behaupten, daß er zur New Yorker «falschen Bohème» gehöre; er gehört überall und nirgends hin. Den charmanten Seehundskopf schief gehalten, die Zigarette zwischen den Lippen hängend, residiert er im Ambassador-Hotel, seelenruhig immer, durch nichts aus der Fassung zu bringen, gibt bei «Voisin» erlesene kleine Luncheonparties, *kennt alle Welt*, vom Winkeljournalisten bis zu Otto H. Kahn, ist jedermann dienlich, hilft jedem, ohne Gegenleistung zu fordern, schreibt nichts, übersetzt nicht einmal; hat seine Finger in Hollywood und Paris, in Berlin und Venedig, in Salzburg, London und Wien. Er ist, dies soll einstens auf sein Grab geschrieben sein, eine der letzten undurchschaubaren Existenzen unserer Zeit.

Den Palast seines gewaltigen Freundes und Gönners Otto H. Kahn zu sehen, ist ein Abenteuer. So blasiert sind wir nicht, daß es uns nicht doch ein bißchen eiskalt den Rücken hinunterläuft, wenn bei einem schlichten Privatmann, der sich im Leben als liebenswürdig beredter, sympathisch ergrauter Herr präsentiert, die Rembrandts und Frans Hals, Montegnas und Botticellis an den Wänden herumhängen.

Die Existenz der ganz großen amerikanischen Vermögen hat in unserer Zeit etwas Schwindel- und sogar Furchterregendes, gerade wenn man mit Männern zusammenkommt, die über diese phantastische Geldmacht gebieten und die meist sanft, kunstliebend und warmherzig sind. Es ist Tatsache, daß die Gewalt, die solchen Leuten eignet, der unserer früheren absoluten Fürsten gleichkommt oder sie übertrifft. *Ihnen ist nichts unmöglich* – und daß dergleichen im Jahre 1928 zulässig ist, erweckt Schrecken. Die Idee drängt sich auf, daß eine Situation, die sich so ungeheuerlich zugespitzt hat, reif dafür ist, in ihr Gegenteil umzuschlagen.

Über so viel Prominenz sind wir von den alten Freunden abgekommen. – Haben wir eigentlich, daß Ricki Maler ist, schon erwähnt? Er macht wunderliche und groteske, dabei exakte und magisch klare Traumlandschaften, darin Krüppel spazieren und Bäume ihr stummes, intensives Leben führen.

Wir fanden es also nicht länger passend für ihn, Blumen auszutragen, und überredeten ihn, in das Geschäft eines großen Münchener Bilderhändlers einzutreten, der ihn brauchen zu können behauptete. Nachher stellte sich heraus, daß er ihn als Ausläufer und Klosettputzer haben wollte; am ersten Tag schon gab es Erstaunen, als Ricki, an einem Rubens vorüberschlendernd, die Bemerkung fallen ließ: «Ja, ja – bei dem kann man doch noch was lernen –», eine Glosse, die der alte Händler nachher kichernd allen seinen Kunden erzählte: «Wissen Sie, was unser Klosettputzer heute gesagt hat? – Beim Rubens könnte er doch noch was lernen!»

In gemeinsamer Arbeit verfaßten wir einen maßvollen, aber strengen Brief an den taktlosen Greis, in dem wir ihm klarmachten, daß er sich in Ricki geirrt habe und sich darum von ihm trennen müsse.

Wir hatten in New York schon den Eindruck, als sei Amerika mit modernen malerischen Genies nicht sehr üppig gesegnet – während seine Literatur doch den Vergleich mit jeder zeitgenössisch-europäischen verträgt –, dieser Eindruck hat sich, als wir später eine große Ausstellung in Chikago sahen, traurig bestätigt. Das originellste zeichnerische Talent, das wir in New York angetroffen haben, hieß Eva Herrmann – und so deutsch war sie auch sonst. Dieses bemerkenswerte Mädchen, welches von einer schwierigen und seltenen Schönheit ist, hat nicht nur von uns, sondern auch von Vater, Onkel und Umgebung die denkbar unverschämtesten und begabtesten Karikaturen gemacht. Die Nachmittage in ihrem Atelier vergißt man nicht mehr; es liegt im achtunddreißigsten Stock eines Broadway-Hotels, man schaut in die Straße wie in einen Abgrund, darin schlängelt sich abends, leuchtendes, rasendes Band, die Autoarmee.

Jetzt, in der Rückschau, scheinen diese ersten Wochen in New York die größten, wichtigsten und schönsten Eindrücke der ganzen Reise zu enthalten und in sich zu sammeln.

Die Begegnung mit New York *muß* für jeden jungen Europäer Erlebnis von einschneidender Bedeutung sein, oder er ist ein hoffnungslos Verstockter. Streifzüge durch New York sind nicht wie Streifzüge durch eine andere Stadt. Es ist, als sei die Abenteuerlichkeit *aller* Städte zusammengedrängt und man könnte darin spazierengehen.

Wir schauen vormittags einen Rembrandt, einen Picasso beim Kunsthändler an und nehmen den Nachmittagstee im Heim der Christlichen Jungen Mädchen, wohin eine Professorengattin uns eingeladen hat – es gibt Semmeln und Milchkaffee; eine junge Dame, die als Krankenschwester um die Welt fährt, sagt plötzlich, während der Mahlzeit: «Wie finden Sie, Frau Professor, daß ich von Jahr zu Jahr *glücklicher* werde?» – Wir essen beim großen Kahn in Wall Street zu Mittag, andächtig gestimmt, weil um uns herum die Finanzschicksale von fünf Erdteilen sich entscheiden – wir steigen aufs Woolworth-Building, um das Riesenhafte von oben zu schauen; wir sind nachts in Harlem, dem schwarzen Viertel, oder am Hafen, um die Schiffe abfahren zu sehen, oder in der Carnegie-Hall, um eine Beethoven-Symphonie, von Toscanini dirigiert, zu hören. Wir sitzen im chinesischen Theater, wir fahren ans Meer, wir streunen in Warenhäusern herum und im Gebäude der «Times»-Redaktion, um zuzuschauen, wie mit Maschinengeratter «geistige Nahrung» für Millionen hergestellt wird.

Das sind nicht Streifzüge wie in einer anderen Stadt.

Eines Tages mußten wir uns das erstemal «zusammensetzen» – eine Tätigkeit, die im Lauf der Reise unsere wichtigste werden sollte. Das Geld, das wir mitgebracht hatten, war natürlich zu Ende. Das Wunder war freilich geschehen: unsere Tournée sollte, trotz überfüllter «season», eingerichtet werden, was unserm Freund Friede zu verdanken war. Dieser hatte unsere Angelegenheit einem zwar barschen, aber edlen und bedeutenden Agenten übergeben (demselben, dem Emil Ludwig anvertraut war), der wieder hatte uns sofort «The literary Mann-twins» getauft, einen phantastischen Prospekt drucken lassen, in dem Klaus Mann als der deutsche Chesterton (??!) gepriesen wurde – und versprach sich, kurzum, ein ansehnliches Geschäft von uns. Englisch zwar konnten wir noch recht wenig, aber eine ziemlich flotte und warmherzige Ansprache, in der Lindbergh und Charlie Chaplin vorkamen, hatte Erika nach Manier der Papageien auswendig gelernt. Unser Agent, von dessen Fenster im achtundzwanzigsten Stockwerk eines Fifth-Avenue-Hauses man übrigens einen grandiosen Blick hatte, fand das famos und garantierte zwanzig Städte und tüchtig viel Geld.

Trotzdem hatten wir uns «zusammenzusetzen» allen Grund, denn die Tournée sollte erst acht Wochen später beginnen. *Was bis dahin?* Zunächst einmal: *abreisen.* Wir wollten über Chikago nach Hollywood, welches wir uns gastlich vorstellten. Akute Not war über uns noch nicht hereingebrochen, da die «Aufsatzfabrik» sehr nett funktionierte. Wenn wir irgendeine freie halbe Stunde hatten, richteten wir es so ein, daß Klaus an seinem Schreibtisch mit Rampenbeleuchtung etwas Brauchbares abfaßte, während Erika an der Schreibmaschine lärmte oder in versendbaren Photographien kramte. – Trotzdem: abreisen? Rechnung begleichen? Tickets lösen?

Unter solchen Erwägungen packten wir unsere Koffer.

Ricki, der uns packen zu helfen gekommen war, freute sich schon auf den Moment, wo wir ihn, mangels Abreisegeldes, bitten würden, uns beim Auspacken behilflich zu sein. Es war elf Uhr, und um zwei ging der Zug. Wir machten uns also ans Telephonieren. – Ob Friede nicht ein wenig Vorschuß leisten könne? Mr. Friede war krank. – Blieb S. M. Law aus Boston, den wir fast nicht kannten, aber der uns mit befremdlicher Herzlichkeit gebeten hatte, die Reise im Auto mit ihm zu tun. Eigentlich sah er recht vertrauenerweckend aus, aber man hatte uns erzählt, in Amerika sei Kinderraub an der Tagesordnung, und uns gebeten, S. M. vorderhand für einen Mörder zu halten. So sagten wir ihm denn ab. – Blieb schließlich Doktor K., der noch viel unheimlicher war.

Dieser stille und mausgraue Herr war von einer dämonisch unersättlichen Neugierde, seine Lebenslust schien es, sich gräßliche Begebenheiten zu merken, sie zu sammeln und, als liebsten Besitz, im Herzen zu tragen. Wir hatten demnach Grund, uns ängstlich zu überlegen: muß dieser sanfte und gefährliche Sonderling nicht geradezu darauf aus sein, fremdländische Zwillinge in greulichen Situationen zu sehen, um sie solcherart seiner Schreckenschronik einzuverleiben? – Da es aber schon zwölf Uhr war, außerdem der Boy die Billetts brachte und gern bezahlt sein wollte, riefen wir den Doktor im Pennsylvania-Hotel an.

Er antwortete am Telephon korrekt, sanft und genau wie immer, sagte, er sei von Natur geizig und ließe niemand gern an sein cash heran. Stellten wir ihm aber einen sicheren Bürgen, würde er uns, vor allem weil er auch nach Chikago führe und sich von unserer Gesellschaft was verspräche, das Nötige leihen. Wir, ganz fliegende Eile, hängten ein, baten noch einmal den hochfiebernden Friede an den Apparat. Der mochte hüsteln und stöhnen – die Bürgschaft mußte er stellen, und wir brachten ihn sogar dazu, seinerseits im Pennsylvania anzurufen und mit Doktor K. persönlich alles auszumachen.

Derweilen hatte Ricki Hammelkoteletts und Fruchtsalat bestellt, es war aber schon Viertel nach eins. Wir sorgten uns etwas, daß wir die Mahlzeit nicht genügend würden genießen können, zwangen uns jedoch mit eiserner Disziplin zu vollkommener Konzentration auf die Gottesgabe, indem wir uns hypnotisierend vorhielten: *«Jede Frucht schmeckt gut –»* Währenddem kam Doktor K.s Geldbote.

Die Hammelkoteletts hatten Zeit gekostet, wir versäumten beinahe den Zug. Ricki flog und flatterte mit den Handtaschen vor uns her, aus dem Auto stürzte die Ziehharmonika, Zahnbürsten und Pyjamas blieben im Hotel zurück, an der Coupétür erwartete uns stumm, undurchschaubar liebenswürdig der Wohltäter.

3

Aber die amerikanischen Züge sind gar nicht schön – es gehört zu den Haupt- und Generalfiktionen über dieses Land, daß sie schnell, sicher und unvergleichlich komfortabel seien. Zum Seekrankwerden schwanken sie, in jedem Pullman schlafen an die vierzig, nur durch grüne Vorhänge voneinander getrennt, fremde Herren und Damen übereinander gebettet – es gibt da die pikantesten Anekdoten –, am Abend sieht der Pullman wie ein Zigeunerwagen aus.

Achtzehn Stunden fährt man nach Chikago. Was wir von Doktor K. derweilen alles erfuhren! Leise und zärtlich sprach er uns von Giftmorden, Perversitäten und allen Greueln seines Gedächtnisschatzes. Schließlich kabelte er an Leute in Chikago, er käme zusammen mit den Mann-Kindern, man solle uns erwarten.

Herr und Frau Günzel waren es (die Geschichte ihrer verzweigten Familie hatte der Doktor uns, bunt zurechtgeputzt, bereits erzählt), die in der Bahnhofshalle von Chikago unser harrten. Freudig begrüßten sie den Freund, während sie am Boden nach etwas zu suchen schienen. «Wo sind die Kleinen?» fragten sie schließlich und hielten Weihnachtsmänner in den Händen, aus Schokolade, die Glöckchen um den Hals. Als wir, baumlang, guten Tag sagten, gab es Gelächter. «*Mannkinder?*» Für den Nachmittag hatten sie eine Kindergesellschaft zusammengebeten – Kakao und Kuchen sollte es geben und Preise beim Pfänderspiel.

Wir schlenderten zum Auto; Frau Günzel mußte die Ziehharmonika tragen, Herr Günzel den Hutkoffer. Beide Stücke waren zu zart für den Porter. – Ach – für Herrn Günzel ebenfalls – der Hutkoffer öffnete sich, und keinerlei Damenhüte schmeichelten dem Auge. Bilder, Photographien, Photographien, Bilder – Vater, Mutter, Schwestern, Brüder, Freund und Feind, Krethi und Plethi lagen in ekelerregendem Durcheinander auf dem Bahnsteig zu Chikago zusammen. – «Mannkinder», murmelte Herr Günzel zwischen den Zähnen, während er sich anschickte, alles aufzulesen.

Von Günzels müssen wir später noch erzählen, – wenn wir Chikago sehen, wo das «Rad» kreist und wirbelt. Diesmal fuhren wir weiter.

Vier Tage und vier Nächte im Zug. Weites Land; weites, weites, unbenutztes Land. Wieviel Zukunft! Jahrhunderte Zukunft in dieser Landschaft.

Man *kann* diese Landschaft nicht sehen und verächtlich von Amerika reden. Brutalität? Ungeistigkeit? Heuchelei? –

Geringfügige, *vorläufige* Eigenschaften, verglichen mit denen, um derentwillen wir Amerika lieben: *Jugend und Größe.*

Vier Tage und vier Nächte rasender Zug; ebene Landschaft, von den Maisfeldern gelb; wüste, steinige Einöde; Steppe, auf grenzenloser Fläche die rührende Silhouette einzelner Kühe und Pferde, weit hinten, afrikanisch hart gegen den Himmel, die Linien des Gebirges. Es geht durch Felsen, die Luft ist dünner und kälter geworden.

Im D-Zug quer durch den Kontinent. – *Reisen*: die Faszination des Begriffs ist heute so tief wie vor Jahrhunderten. Reisen, ins Weite ziehen, auf und davon, in die Ferne. Nicht anders verlockte einst den Taugenichts das Blasen des Posthornes als uns heute Heulen der Dampfer und Lokomotiven, Getöse der Flugzeugpropeller. Täuschen wir uns nicht, es ist die gleiche Verführung.

Die Zeiten, da der Begriff «Entfernung» aufgehoben sein wird, sind nah. Man wird das Raketenflugzeug haben und nicht mehr fassen können, daß Strecken wie Hamburg–New York, New York–Kalifornien im Jahre 1928 überhaupt noch in Frage kamen. Dieses Geschlecht, das vermutlich in Paris zu Mittag essen und in Tokio, ein paar Stunden später, Tee trinken wird, wird um ein wahrhaft wundervolles und mysteriöses Abenteuer ärmer sein. Beinahe empfänden wir, heute schon, mit ihm Mitleid. Nur fragt sich, welcher *neuen*, unvorstellbaren Abenteuer diese Generationen einer nahen Zukunft teilhaftig sein werden.

Der Neger, der in unserm Abteil bediente, war etwa fünfundzwanzig Jahre alt. Er hatte reizvoll lässige Bewegungen und ein Gesicht von jener intensiven Häßlichkeit, die niemals abstoßend wirkt. Seine Tätigkeit bestand hauptsächlich darin, abends die Sitzbänke als Betten zurechtzumachen und sie morgens wieder in Sitzbänke zurückzuverwandeln. Er tat seine Pflichten, elegant, flüchtig, wie nebenbei. Aber während er aus Eitelkeit den Anschein erwecken wollte, er sei faul und unkonzentriert bei der Arbeit, erledigte er im Grunde alles ordentlich und genau.

Er war, kannte man seinen Charakter nur etwas eingehender, ein sehr sympathischer Kerl. Oft erschien er unwirsch und übelgelaunt, dann begegnete er den Passagieren mit einer gewissen Strenge. Aber wir kannten ihn auch leutselig und vergnügt, dann scherzte und kokettierte er, wußte sich vor Gefallsucht gar nicht zu lassen und freute sich seiner geschmeidigen Glieder.

Er hatte in der Santa-Fe-Bahn kein schlechtes Leben. Wenn morgens die Betten wieder in Ordnung waren, gab es tagsüber für ihn keine schwerere Arbeit mehr. Er saß dann, den Roman einer illustrierten Zeitung lesend, meistens in seiner Ecke. Mittags und abends aß er an den Stationen mit uns, dasselbe Menü wie die Passagiere – nur natürlich am getrennten Tisch.

Da seine Lebensbedingungen verhältnismäßig günstige waren, entwickelte sein Charakter sich frei. Es zeigte sich: er war gutmütig, eitel, sorgfältig bei der Arbeit, unberechenbar in der Stimmung; wir hatten unter seiner Strenge und Ordnungsliebe oft recht sehr zu leiden, vor allem fand er es ungehörig und albern, daß wir soviel Bücher mit uns führten und sie überall, wo sie nicht hingehörten, herumfahren ließen. Auch Ziehharmonika, komische Mützen und die vielen Mäntel nahm er uns übel; wir fürchteten ihn, wie die Kinder ihr Kinderfräulein. Um so dankbarer war man, erhellte sich seine Miene. – Sicher war er ein guter Freund, abgesehen von seiner empfindlichen Reizbarkeit. Alles in allem: ein netter Geselle, und alle hatten ihn gern.

Man macht sich während der Fahrt so seine Gedanken. In Amerika hat der Rassenhaß abscheuliche Dimensionen. Der Neger soll kulturell auf einer tieferen Stufe als wir stehen, deshalb wird er nicht anders als ein Hund behandelt. Wir sehen unsern sympathischen jungen Freund an und müssen den Kopf schütteln. Warum wäre Schande, am selben Tisch mit ihm zu sitzen? Nach und nach wird es ein bißchen komisch, wenn wir uns auf unsere «Kultur» so besonders viel einbilden, nach allem, was schließlich vorgefallen ist.

Das Negerproblem ist für Amerika ein sehr ernstes. Mit Schrecken sieht man auf die unheimliche Fruchtbarkeit der Schwarzen. Man erkennt die jüngere, die vitalere Rasse. Welche Gefahr wächst hier den Weißen herauf? – *Angst* mischt sich in die Verachtung, mit der der Weiße dem Dunkeln begegnet.

Diese Verachtung ist stupide als Ausweg. Wer sich gegen etwas Nachrückendes stellt, muß feige sein oder dumm. Fremde Rassen – schwarze, braune oder gelbe – verachten, ist reaktionär, weil die Zukunft den gemischten Rassen gehört. Die Menschheit des nächsten Jahrhunderts wird lachen, wenn sie denkt, daß einmal weiße Männer schwarze unter sich stellten. Achten wir doch die Zeichen! Die Zeit bereitet sich vor, da Rassenunterschiede ebensowenig gültig wie Klassenunterschiede sein werden. – Die weiße Rasse *allein* wird die Zukunft nicht tragen. –

Solche Gedankengänge erweckt der Anblick unseres elastischen Kinderfräuleins.

Eines Nachmittags fühlten wir Aufbruchstimmung in unserem Zigeunerwagen, der Neger kam mit der Bürste, schielte auf unser Gepäck, fragte, nicht ohne Strenge, ob er uns sauber machen sollte. Wir hatten es für den nächsten Tag erst erwartet – auf vierundzwanzig Stunden mehr oder weniger kommt es nicht an –, aber es war schon soweit, Palmen blühten an den Stationen, statt der Wüste Gartenlandschaft und Orangenhain: Kalifornien.

Los Angeles ist abstoßend häßlich; man kann es, ist man die strenge und starke Schönheit New Yorks gewohnt, erst gar nicht fassen. Reklame, Hochhaus, Autotrubel hier wie im Osten; aber hier alles unkonzentriert, zufällig, ins Endlose zerdehnt. Dieses ist keine Stadt, sondern eine enorme, ungestaltete Ansiedlung, ungesund üppig, pilzhaft aus dem Boden gewuchert.

Ewig lang die Fahrt im rumpelnden Yellow-cab. Es wird nicht schöner, aber wenigstens amüsanter. Palmenalleen tun sich auf, mehr freie Plätze, offene Obstbasare leuchten, die Häuser sehen lustig, wie improvisiert aus, grell geputzte Baracken, man glaubt sich in einem Ausstellungspark.

Das also ist der Hollywood Boulevard, reichlich grotesk als repräsentative Straße eines Ortes, der Weltruhm hat. Nur vergesse man nicht, daß dieser Boulevard mitsamt seinem Weltruhm noch keine dreißig Jahre alt ist. – Am komischsten sind die großen Kinopaläste. – «Hier sehen die Stars ihre Filme», steht lockend überm Portal –, einer ägyptisch, der andere chinesisch aufgemacht. Ganz genau so hat jener populäre kleine Moritz sich den asiatischen Kunststil vorgestellt. Türmchen nicken, Brunnen wispern, amerikanische Girls bieten, ägyptisch vermummt, Programmhefte feil, vor dem chinesischen Hause gibt es sogar einen Zwerg, einen sehr kleinen (doch der trägt Frack und Melone) –: alles ganz Ausstellungspark, aber einer von mittlerer Güte. –

Im Plaza-Hotel wurden wir hochherrschaftlich untergebracht, das eine Schlafzimmer sah, weil das Bett hinter der Türe listig versteckt war, wie ein Salon der Münchener Werkstätten aus, anspruchsvoll spärlich möbliert und mit grauer Bespannung. Der Manager, der leider kehlkopfkrank erschien, hieß uns heiser willkommen, war überhaupt liebenswürdig (sollte bald anders werden).

Gleich den ersten Nachmittag gingen wir schwimmen, eigentlich nur aus Bosheit, weil wir wußten, daß in Deutschland Winterszeit war und Schnee sicher in München. Der «Sea-Breaze-Club» in Santa Monica war menschenleer, man teilte offenbar europäische Vorurteile und hielt das Bad im Winter für unpassend. Dafür fanden wir im Oberkellner einen sehr munteren Berliner, er servierte uns gebackene Käsebrote von seltenster Köstlichkeit, erzählte uns, daß seine Frau ihm so selten schriebe und er deshalb ihrer überdrüssig sei; forderte uns aber immerhin auf, seine Schwiegereltern in der Nürnberger Straße zu besuchen, wo wir *zumindest* ausgezeichneten Kaffee bekämen.

Die Vorschriften im Club, Badeanzüge betreffend, erwiesen sich als sehr streng, die Herren durften nicht anders als mit Damenskikostümen ins Wasser. Trotzdem war das Meer wundervoll, blau wie an der Riviera und mit einer Brandung wie auf Sylt.

Mit beispiellosen Tönen kam der Sonnenuntergang. Welch enorme Orgie der Schönheit! Es ist, als müsse alles hier durch Format, durch Quantität verblüffen: das kommt mit Farben, wie man sie sonst nirgends gesehen, das leuchtet violett, perlmuttern, rosenrot und orangegelb. Wir könnten weinen, so gewaltig überfällt es uns. Purpurn übergossen steht an der Küste die fürstlich breite Palmenpromenade. Violettsilbrig schimmert die Brandung, indessen verlöscht allmählich vor uns der feierlich glühende Himmel. Die Wolken verblassen ins Bläuliche, und das Meer friert.

4

Wir hätten uns nur nicht einbilden sollen, daß der elende «Dichter-Kinder»-Betrieb im wilden Westen ein Ende habe. Wer begegnet uns auf dem Boulevard? Der Raimund von Hofmannsthal. – An der nächsten Ecke – wer wohl? Gabriel Beer-Hofmann. Beide fragen gehetzt, ob wir auch schon

Kontrakte hätten. Wir wußten erst gar nicht recht, was sie meinten, und faselten was von unserer Tournée, die demnächst anfangen sollte. Ach was, Tournée, deutsche Literatur –: Gabriel, auch Bubi genannt, war beim verehrungswürdigen F. W. Murnau Regieassistent, Raimund hatte gleichfalls irgendeinen «job» bei den «movies». Während aber Bubi, bei allem Filmenthusiasmus, doch noch ziemlich europäisch, sogar wienerisch, wirkte, erschien Raimund mit brauner Lederweste und einem unbeschreiblich alten, aber energischen kleinen Auto, als rechter Vagabund und Vaterlandsloser, amerikanische Flüche, freilich dazwischen wienerisch-französische Redensarten im Munde führend. Auch eine gewisse kultivierte Zerstreutheit war wienerisch oder eigentlich speziell hofmannsthalsch.

Gleich tranken wir im Drug-store Coca-Cola zusammen, fanden, daß es in einem Pariser Kaffeehaus nicht so widerlich nach Gummiwaren und Verbandstoff röche –, daß es aber doch, hier zu sein, schön war. –

Am selben Tag telephonierten wir das erstemal mit dem Hause Jannings. Mit einer durchaus seriösen Berliner Stimme lud er uns ein, bei ihm zu Abend zu essen –: «Meine Frau wird sich auch sehr freuen», – sagte er, ganz Korrektheit. Es war doch, wie er sich so am Apparat gemeldet hatte, etwas seltsam gewesen: «Hier Emil Jannings», so, als wenn jemand sagte: «Hier Mussolini», oder «Hier der Papst». Es ist um den Weltruhm etwas Wunderliches – und das Wunderlichste ist, daß man dem, der ihn trägt, kaum mehr das Recht zugesteht, privat – persönlich überhaupt zu leben. *Er hat Legende zu sein* – und es ist ganz unpassend, mit ihm zu telephonieren.

Es wurde ein wundernetter Abend am Tische der legendären Persönlichkeit, der erste von *vielen* andern, wundernetten, die folgten. Das Merkwürdige begibt sich: Jannings' private, persönliche, *nicht* legendäre Persönlichkeit ist von so starker, ja überwältigender Intensität, daß sie im Laufe *eines*

Abends die legendäre Persönlichkeit – die sie doch selber geschaffen – verdrängt und tötet. Der Mensch Jannings läßt die *von ihm geschaffenen* Gestalten – Nero, Louis XVI. oder den «Letzten Mann» – verblassen; der Mensch triumphiert über den Mythos. Was für ein Kraftüberschuß!

Er hat eine schöne Frau, einen schönen Hund und ein schönes Haus. Das Haus hatten wir schon so oft auf Photographien gesehen, daß wir kaum einen Blick darauf verschwendeten. Auch die Frau ist berühmt, sie heißt Gussy Holl, die meisten Leute wissen, wie reizvoll und witzig sie ist.

Bleibt es also, den Hund zu beschreiben. Er ist, wie wir uns belehren ließen, ein chinesischer Spitz und das Vornehmste, was sich ausdenken läßt. Seine Wesensart ist raubtierhaft und zugleich sanft. Zunächst scheut man sich, ihn zu streicheln, denn er scheint eine kleine, aber gefährliche Mischung aus Löwe und Bär; doch es erweist sich, daß er keine Hinterlist kennt. Er hat die müde Gleichgültigkeit alter Rassen, schaut dich aus unergründlich dummen, kleinen, leeren, goldbraunen Augen an. Goldbraun ist auch sein Fell, seidig und wollig, ein orientalisches Kissen. Er besitzt verhärtete Knorpelohren und einen kleinen geringelten Schwanz. Er ist von Natur schweigsam, etwas hochmütig, scheu, aber durch standhafte Zärtlichkeit zu gewinnen.

Dann gibt es im Hause Jannings zwei Papageien – einen grünen und einen schmutziggrauen. Beide reden nicht gern. Außerdem einen Vogel, der Sebastian Droste heißt (aber sonst nicht weiter an den berühmt perversen, leider toten Tänzer Sebastian Droste erinnert). Außerdem einen höchst bedeutsamen Butler. Die Gunst dieses zugleich gravitätischen und anmutigen Herrn entscheidet, ob du im Hause wohlgelitten sein wirst, ob nicht. Ein Sichsenken seiner schweren Augenlider kann verdammen, ein huldvolles Lächeln, das in seine Wangen Grübchen zaubert, macht dich reich. – Bemerkenswert ist noch, daß Frau Gussy in ihrem Gärtlein Pimpinelle, Petersilie und anderes Gewürz erntet, so daß alle Saucen bei ihr grünlich und schmackhaft sind.

Es gab Schmorbraten und Schokoladenpudding, nachher ziemlich viel Whisky. Wir sprachen über Amerika, die Demokratie, Emil Ludwig und die Zukunft des Films. Im weiteren Verlauf des Abends ging die Konversation etwas in die Brüche, woran der Whisky ganz allein schuld hatte. Nachher wurde behauptet, Klaus habe mehrfach zur Hausfrau gesagt, daß sie «begehrenswert» sei – dabei aber auf ihre Perlen, anstatt auf ihre Beine geschielt.

Gesellige Zeiten begannen. Es ist in Filmkreisen zu leben sehr erfreulich, belehrend und amüsant, wenn man's im Bewußtsein, daß es *nicht für immer* ist, tut. Nach ein paar Wochen glaubt man selber schon, nur der *Film* sei auf Erden bedeutend, um ihn drehe sich alles, Industrie, Politik, Literatur seien seine geringfügigen Anhängsel. Die Atmosphäre von Hollywood hat, bei aller Ödigkeit, viel Faszinierendes, sie zieht an, saugt auf, nimmt gefangen. Man verliert das Gefühl für die Zeit, wie im Zauberberg, sie entgleitet, ohne daß man wüßte, welchen Inhalt sie hatte.

Aber allmählich, ohne daß man's merkt, knüpfen sich die menschlichen Beziehungen.

Einer unserer Hauptfreunde war der *Doktor Hans Müller*, über dessen Theaterstücke man immer so viel Häßliches schreibt. *Wir* haben nur über den Menschen zu schreiben. Er besitzt Heftigkeit des Herzens, Pathos, Leidensfähigkeit, Humor und Wärme und einen produktiven, leidenschaftlich reagierenden Intellekt. Und jene Kompliziertheit, die rührend, schwierig und im höchsten Grade sympathisch macht. – Daß er, typischster Sohn der unamerikanischsten Stadt, daß er als Wiener Amerika hassen und verabscheuen würde, war psychologisch leicht zu berechnen. Er plante, furchtbaren Gerichtstag über den verdammungswürdigen Erdteil zu halten in Form eines Buches, welches «Moloch Amerika» heißen sollte.

Weiter gehörte zu dieser Familie: der Dichter, Regisseur und Musiker *Ludwig Berger*, der mit seinem Bruder, dem Bam, ein sehr anmutiges Häuschen oben in den Hügeln bewohnte; im Gärtlein gab es lauschige Plätze, auch Steingrotten von «echtem Zement», wie die vermietende Dame mit Stolz ausgesagt hatte. Aus einer Opposition gegen Kalifornien und aus Heimweh nach der mitteldeutschen Landschaft dichtete er in Hollywood ein romantisches Spiel mit Waldesstimmung und Nixengespräch. Gleichzeitig inszenierte er mit *Pola Negri*. Wahrscheinlich wird beides sehr schön werden, deutsches Spiel und amerikanischer Film, denn er hat jenes biegsame Talent von empfindsamster Feinnervigkeit, das sich nicht irrt. – Bei ihm zu treffen ist meistens der italienische Schauspieler *Carminati*, einstmals Partner der Duse gewesen, jetzt filmend. Edelmann jeder Zoll, Weltmann von feinstem Anstand. Aber am allerfeinsten präsentiert er sich in der weißen Schürze, wenn er am Herde das Makkaronigericht zubereitet, keiner kann das wie er.

Den *Connie Veidt* trafen wir das erstemal in großer, weißer Perücke und im samtenen Prachtkostüm an, er hatte Aufnahme für den Kolossalfilm «L'homme, qui rit» in Universal-City. Er spielt den Mann, dem das ewige Lächeln ins Gesicht geschnitten wurde, er trägt es wie eine Krätze, die er gerne hinterm Tüchlein verbirgt. Während wir uns mit ihm unterhalten, werden hinten große Volksszenen aufgenommen. Ein Festzug ordnet sich, geschmückte Pferde, Frauen auf einem Wagen. Der ganze Prunk von *Paul Leni* geleitet, der durchs Megaphon brüllt und regiert. Das sieht ja alles sehr munter und sehr farbenprächtig aus, aber man riecht schon, wie langweilig es später auf der Leinwand sein wird. «Historischer Kolossalfilm der Universal», wenn man das nur angezeigt sieht, fühlt man sich schon ganz mutlos und lahm. Man weiß auch sofort, daß Notre Dame vorkommen wird, nachdem sie nun einmal mit so viel Unkosten in Universal-City aufgebaut wurde; außerdem muß doch Mary Philbin spielen. Wo die Herren *Lämmle* aus *Laubheim* allmächtig sind, ist für die Zukunft des Films nichts zu hoffen. Aber auch wenn man in andere Hollywoodbetriebe etwas gründlicher schaut, wird es schwierig, den Glauben an ethische und künstlerische Sendung dieser Kunstform sich zu bewahren. Doch schlimmer als Universal ist keiner.

Es ist also eine besonders traurige Schicksalsfügung, daß ausgerechnet Connie Veidt da mitwirken muß. Denn der ist schön und klug. In seinem «home» zu Beverly Hills haben wir es so nett gehabt. Dort gibt es (außer swimming pool, Butler und Palmenhain) Frau Titina Veidt, anmutig und brünett zu schauen, Kind Veidt, winzig, weißblond, süß und witzig. Sieht man den Connie so, im Kreis der Seinen – wer könnte un«dämonischer», auf drollige Art familienväterlicher sein als er?

Manchmal trafen wir bei den Veidts auch *Rochus Gliese*, F. W. Murnaus großen Baumeister, der die wunderbare Stadt im «Sonnenaufgang» heraufgezaubert hat. (Murnau selber lebt in faszinierender Zurückgezogenheit und hat nur *eine* Passion – die Arbeit. – Man kriegt ihn fast nie zu sehen – aber Meisterwerke kommen dabei heraus. Wenn man ihn sieht, ist er riesengroß, prachtvoll angezogen, schweigsam und verehrungswürdig.) War Gliese dabei, dann ging es gleich ganz intellektuell und gefährlich her. Er hat jene Bosheit, der man gerne zuhört, einen schmalen, tückischen Mund und Charme in den Augen. Außerdem ein schlimmes, kleines Gekicher (aber Charme in den Augen, dafür ist er ein Künstler). – Wir scherzen über Veidts «Lachenden Mann», und er zeigt uns das greuliche Gebiß, das er tragen muß, um recht erschrekkend auszusehen – so wollen Lämmles es haben.

Zu der Zeit spielte Emil Jannings den «Patrioten». Lubitsch machte Regie. Wir lunchten einmal mit ihm in der Kantine des Paramount-Studio. Adolphe Menjou war dabei und Clara Bow, die so besonders bezaubernd ist auf der Leinwand. Im Leben gefiel sie uns auch nicht schlecht – nur daß sie so *sehr* rothaarig ist und dabei einen leicht unedlen Nacken trägt, hatten wir nicht gewußt. Menjou sah *genau* aus wie der «Gentleman von Paris» und wie der «Zimmerkellner» und wie Menjou im Film – Bärtchen, exquisiteste Eleganz, überlegenes Lächeln. Wir waren recht benommen. – Ernst Lubitsch ist ein Kleiner, Intensiver mit einem starken und eindringlichen Blick. Er konversierte höflich und gescheit, dachte aber an den «Patrioten» dabei und brach oft plötzlich ab, um mit Jannings Kostümfragen und Besetzungssorgen zu besprechen. – Zu spaßhaft, diese Kantine! Wie sie alle zurechtgemacht waren, die da saßen. Tullio Carminati in weißer Perücke und kleidsamer Offiziersuniform, Clara Bow im Bademantel, Adolphe im Frack, manche im Judenkaftan, viele als Zigeuner verkleidet. Dazu die leichenhaft getönten Gesichter. Und dazu der große, sachliche helle Raum, mitten am Vormittag.

Bei *Pola Negri* haben wir Tee getrunken, oder vielmehr Sekt statt Tee. Im Lande der Prohibition gilt es als *unfein*, den Gästen Alkohol *nicht* anzubieten, um welche Stunde es sei. Um vier Uhr nachmittags gibt es Sekt bei Pola. – Sie wohnt im Ambassador-Hotel zu Los Angeles, obgleich sie in Santa Monica ein Haus hat, in Beverly Hills eins und eins nicht weit von Paris. – Sieht man dieses Gesicht zum erstenmal aus der Nähe, versteht man, warum es weltberühmt wurde. Unter der breiten, glatten, schöngewölbten Stirn öffnen sich grünlichdunkel die Augen, die eine wilde und pathetische Sprache führen. Ihr Gesicht hat etwas Starkes und Primitives, durch die slawisch breiten Wangen beinahe etwas östlich Bäuerliches. – Pola Negri macht Konversation mit größter Geschicklichkeit, sie hat nicht umsonst lange Zeit in Paris gelebt, und ihr polnisch singendes Deutsch hört sich angenehm an. Daß sie so viel von sich selber spricht, kann man ihr nicht übelnehmen, schließlich ist sie doch auch das Interessanteste weit und breit.

Im Mexikaner-Restaurant, wohin der *Ramon Novarro* uns einlud, gibt es keinen Sekt, dafür scharfe Pikanterien, auch Butter in Blätter gehüllt und fremdartiges Mürbegebäck. Ramon bestellte spanisch beim Kellner und freute sich, weil wir nichts verstanden und ahnungslos die gefährlichen Gerichte zu verzehren hatten. Wir taten es gern – was konnten die Gerichte uns anhaben, wenn der Schöne, Anmutige, Liebenswerte unser Gastgeber war? Ramon Novarro ist so freundlich, so höflich, so sanft, so hübsch. Man könnte sagen, er sei maßlos kokett. Aber diese Gefallsucht ist nicht unangenehm. Er möchte seine Mitmenschen erfreuen, er will, daß sie ihn gerne ansehen, Sympathie mit ihm fühlen. Also lächelt er, zeigt seine Zähne, wirft schlaue, liebenswürdige Blicke. Er ist nicht faszinierend, aber sympathisch bis zum Ergreifenden.

Einmal waren wir mit ihm auf einer kleinen Gesellschaft bei ganz «unprominenten», ganz jungen Leuten. Damals sang er – er singt so gern – Brahms, Schumann, mexikanische, spanische Lieder – und er singt so schön –, alle Biegsamkeit seines Körpers ist in diesem reinen Organ. – Dann machte er Kartenkunststücke oder spielte sogar den Hypnotiseur. Er tanzte und erzählte. Nichts liegt ihm ferner als das Bravouröse. Beinahe nie trifft man ihn in Gesellschaft. Ist er aber einmal unter Menschen, möchte er, daß sie an seiner Wohlgeratenheit Freude haben.

So gingen wir herum in Hollywood und besuchten die Großen dieser Welt. Täglich fuhren wir mit *Lilly Petschnikoff* ans Meer und in den Sea-Breaze-Club nach Santa Monica. Eigentlich war es dort am schönsten. – Frau Petschnikoff, des russischen Geigers geschiedene Gattin, lebt mit jungem Sohn, alter Tante und uralter Großmutter in nettem Häuschen bei Hollywood. Sie hat einen wunderschönen Kopf, vom weißwirren Haar dicht umstanden, dazu die tiefsten graugrünen Augen, ist energisch und jung, besitzt einen großen gelben Wagen, den sie lenkt wie ein Rennfahrer, spielt die Geige, kocht das Essen und ist eine unserer besten Freundinnen im Land Amerika. – Manchmal am Abend, wenn es kalt war, wagten wir es nicht, ins Wasser zu gehen, «wir möchten's unseren Beinen so gern ersparen!» sagten wir feige. Dann sprang Lilly, weißhaarig und gestählt, allein in die Wellen, während wir fröstelnd am Ufer standen.

Daheim, im «Plaza-Hotel», war es derweil schon nicht mehr ganz so gemütlich. Im Postfach hatten wir bereits eine Aufforderung vorgefunden, den heiseren Manager in seiner «office» zu besuchen. Wir wußten, was dergleichen zu bedeuten hatte, und gingen lieber nicht hin. Dafür besuchte er uns eines Tages, und wir mußten von europäischen Geldsendungen faseln, die nicht mehr lange ausbleiben könnten. Auch am langen Tisch in der Halle, wo die Herren von der Kasse standen, huschten wir möglichst unauffällig vorüber. Wir nannten diese Gegend des Hauses «Gefahrzone» und mieden sie nach Kräften.

Dann kam das Weihnachtsfest – der Boulevard war mit grünen und blauen Lichtgirlanden bekränzt, das häßliche Wort «X-Mas» leuchtete von allen Läden, Schnee gab es keinen, aber «Rote Weihnachtsblumen», hohe, purpurne Blütensträucher in den Gärten.

Bei Jannings hatten sich versammelt: Murnau, Connie Veidt, Müller, die Berger-Buben, die Mann-Kinder, Lothar Mendes, Dorothy Maccail. Mendes, so ein kleiner Schwarzer, ist Regisseur, Dorothy, sein Weib, einer der allerzauberhaftesten Filmstars von Hollywood. Blond und zart und fein wie eine kleine englische Aristokratin. Bei einem Festessen, das dem deutschen Botschafter Ago von Maltzahn zu Ehren im

Hause Jannings stattfand, erhielt sie deshalb den Platz neben dem Gefeierten. Deutsch sprach sie nicht oder doch nur ein paar Worte, die Emil ihr beigebracht hatte. Der Botschafter machte die vornehmste englische Konversation. Dorothy sah ihn nachdenklich an: «Du bist eine alte Scheißkerl!» sagte sie. Maltzahn glaubte zu träumen, aber schon plauderte sie weiter: «Ja, Scheißkerl, und ich bin eine vollgefressene Sau!» – Wahrscheinlich wollte sie «Ich möchte Deutschland kennen» oder «Ich liebe die Kunst» damit bemerken, des perfiden Emil Schuld, wenn es ihr mißlang.

Der Weihnachtsabend verlief im allerhöchsten Grade feierlich; jeder hatte sich nach Kräften geputzt, weiße Hemdbrüste und Edelgestein glitzerten. Es gab auch Bescherung. Da wir mit Dame Gussy tags zuvor bei den Weihnachtseinkäufen gewesen waren, kannten wir, bis auf die unsern, alle Geschenke und konnten eingeweihte Mienen machen. Es war, wie's im Märchenbuch steht: Aus dem Radio predigte Aimée, die Priesterin, von der wir mehr erzählen müssen, am grünen Baum schimmerten die elektrischen Kerzen.

Die Katastrophe mit dem Baumbrand geschah erst Silvester und im Hause des Doktor Berger. Dieser hatte, in echt taunushafter Romantik, keinen elektrischen Lichterschmuck dulden wollen, und so hatte er denn die Bescherung. Der dürre Baum brannte wie mit Petroleum übergossen, Vorhänge fingen das Feuer, Teppiche auch, wir sahen Papiermachéhaus, Zementgarten und Auto in Asche. Wir benahmen uns samt und sonders ganz unverzeihlich, warfen kraftlos mit Kissen, schrien, zappelten, flohen, riefen nach dem Chauffeur; Bergers Bruder allein, der tatkräftige Bam, rettete uns das Leben, riß alles Brennbare auf einen Haufen und sprang energisch darauf herum.

Diesen Abend war auch *Greta Garbo* dabei, mit tiefer Stimme und unwahrscheinlichen Augen. Man hörte sie kaum etwas anderes sagen, als daß sie so *furchtbar* müde sei, aber sie hatte auch anderes nicht nötig, denn sie kannte die tödlich sichere Wirkung ihrer nixenhaften und beunruhigend kalten Schönheit.

In ihrer Art verlief die Fête noch orgiastischer als die weihnachtliche, mehr nach der wilden Seite hin betont, mit bunten Mützen und den schauerlichsten Trompeten. – Nachts um zwei Uhr fuhren wir mit Raimund noch zum Zeichner Adrian.

Gilbert Adrian ist eine der phantastischsten Erscheinungen von Hollywood. Vierundzwanzig Jahre alt, hat er schon eine große Stellung, ist anerkannt Erster für alle Kostümentwürfe im Studio des Cecil de Mille. – Der Blick fürs Dekorative, der ihn zunächst besonders zu charakterisieren scheint, ist nur eine Seite seiner weiten und bedeutenden Begabung. Aber das Geheimnis, das seine Arbeiten faszinierend macht, ist seine geniale Kenntnis des menschlichen Leibes. Er besitzt eine erotische Feinnervigkeit ohnegleichen. Das Fleisch, das er gezeichnet hat, *lebt.*

Seinen Künstlerinstinkt reizt die Entartung, die Degeneration, das überfeinerte Laster. Das ist unmodern zu einer Zeit, da die Gesundheit als höchster Wert gilt, es ist «nicht auf dem laufenden» – und in Amerika doppelt befremdlich.

Adrian ist ein höchster Beweis dafür, daß man heute für die «Fleurs du Mal» schwärmen, Beardsley-Schüler und dekadent sein kann – und dabei trotzdem *modern*; einfach kraft des Talentes. – Er zeichnet Tänzergestalten, Schwingende, Biegsame, deren Geschlecht nicht mehr feststellbar ist, mit zwitterhaft anmutigen Leibern, das schmale Gesicht beherrscht von den länglichen, verführerisch umschatteten Augen. – Aber in dieser Anmut ist *Kraft*, am deutlichsten spürt man sie in seinen ganz einfachen Aktskizzen, die auf alle Dekoration verzichten, nur noch: ein gebeugter Rücken, ein liegender Leib, eine Hand. (Gerade diese Hände sind unvergeßlich: diebische, wollüstige, greifende Hände mit sonderbar sitzenden Daumen, gebogenen Fingerspitzen. Die erregenden Hände höchst verdächtiger Figuren.) Adrians zeichnerisches Genie wird, wenn alles mit rechten Dingen zugeht, bald auch in Europa Aufsehen machen. Persönlich ist Adrian wie die Modelle, die er bevorzugt: überschlank, grotesk-anmutig und von einer genialischen Albernheit. In seiner verrückten Wohnung haben wir, bei Kerzenlicht und süßem Rotwein, die zauberhaftesten Abende gehabt.

Als wir zur Silvesternachfeier hinkamen, waren schon viele junge Leute in seinen komischen Zimmern versammelt, die alle wie von ihm gezeichnet aussahen. Es war gleich zu Anfang sehr schön, denn er spielte uns auf dem Grammophon die «Rhapsody in Blue» des George Gershwin vor, die *großstädtischste* Musik unserer Zeit; eine pathetische und schnoddrige Musik, die ganz New York in sich zusammenzufassen scheint; die an einer verblüffenden Stelle das Geräusch dieser Stadt zu einem Choral steigert und singen läßt. – Als man George Gershwin fragte, wie er darauf, die «Rhapsody» zu schreiben, gekommen sei, antwortete er: «Ich war einundzwanzig Jahre alt und lebte in New York. – Was blieb mir da anderes übrig?» So entsteht die Musik unserer Zeit.

Später tanzte Adrian dann, erst ägyptisch und zeremoniell, aber schließlich nur noch mit einer Federboa um die Hüften. –

Der Abend endete wunderbar und gefährlich. Raimund lud uns ein, mit ihm im Rumpelwägelchen in die Berge zu fahren, und wir waren selbst zu betrunken, um zu merken, wie betrunken *er* war.

Welchem Heiligen haben wir unser Leben zu danken? Wie wir um die Kurven rasten, hinter denen der Abgrund lag! Entweder der Abgrund mochte uns nicht, oder Raimund war von der Geschicklichkeit der Schlafwandelnden.

Dicht am Abgrund vorbei ging es ins neue Jahr.

5

In Hollywood wurden wir ziemlich seßhaft und machten so unsere Erfahrungen. Wir glaubten, daß man aus allem etwas lernen könne, sei es aus einer Filmpremiere, einem Boxkampf, einem Fußballwettspiel.

Filmpremiere heißt hier «Gala-night» und steht selbstverständlich im Mittelpunkt des allgemeinen Interesses. Wir erlebten die des Murnaufilms «Sunrise», welcher, in New York und Berlin schon bekannt, damals in Kalifornien das erstemal gezeigt wurde.

Vor dem Kinopalast kreisen die Scheinwerferkegel. Licht stößt in die Dunkelheit, fährt durch den Raum, schwingt sich in Bögen durchs Schwarz. Welch ungeheuerliches Aufgebot an Reklame!

Hunderte von Männern, Frauen, Kindern, Greisinnen stehen oder sitzen Spalier, wo die erlauchten Besucher dieser Premiere von ihren glänzenden Automobilen zum Portal schreiten. Eine grell beleuchtete Straße führt die Geputzten durch die staunende Menge; eines ist sicher: die Abendmäntel der Damen kommen dabei zur Geltung. Vielleicht hat manche Köchin seit nachmittags hier gewartet, um diese Abendmäntel nur recht in der Nähe sehen zu können und um dem geliebten Rode la Roque oder dem Ramon Novarro, sanft-kriegerischem Held des Ben Hur, zujubeln zu dürfen. Die «Lieblinge des Volkes» werden durchs Megaphon angekündigt, und das Volk klatscht.

Hauptsache ist die große Komödie am Schluß: die Stars danken persönlich für den Erfolg. Reden werden gehalten, der alte Herr Fox selber tritt auf, zu guter Letzt spricht sogar Murnau. Was er sagt, ist einfach und gut, es gefällt, und man dankt ihm mit Jubeln.

Der große Film «Sunrise» wäre eines sachlicheren, ergriffeneren Publikums würdig gewesen; er gehört zu den wenigen, die die Möglichkeiten des Filmes *als neue Kunstform* bestätigen und beweisen; er verdient es nicht, als Anlaß zu dienen, daß ein Jahrmarkt der Eitelkeit abgehalten werde. –

Das große Football-game war in Pasadena am 1. Januar 1928.

Vorher machten wir eine «luncheon-party» bei irgendwelchen reichen Leuten mit. Kein steifes Mittagessen mit überflüssigem Vorstellen und zierlich gekleideten Zofen. Man hält offenes Haus, einer kennt kaum den anderen. Wieviel Großzügigkeit, wieviel Geschmack! Musik im Freien; unter alten Bäumen ist ein Zelt aufgeschlagen. Farnkräuter und Palmen. Lustig wie ein Volksfest das Ganze. Im Durcheinander: imponierende alte Damen, Sportboys und geschminkte züchtige Girls. Keine Bedienung, jeder holt sich das, was er mag, am phantastisch reichen Büfett.

Beinahe überraschendes Schauspiel: eine *nicht* degenerierte, sondern eine lustige und selbstsicher-unproblematische Bourgeoisie! So in aller Harmlosigkeit wirkliche Feste feiern zu können: welches Zeichen von Kraft! –

Der Autopark um das Stadion herum schimmert, von oben gesehen, mit seinen tausend und aber tausend blanken Dächern nicht anders als der Ozean in der Sonne. – Drinnen der aufregendste Kampf der Saison: Universität Stanford gegen Universität Pittsburgh, Westen gegen Osten; Stanford hat hinreißende Schreier, Anfeuerer, die vor der Menge hüpfen, tanzen und wie die tollsten Derwische sich gebärden, um das Publikum zum begeisternden Hurraschreien zu bewegen. – Die Pittsburgher, die von weither kommen, verfügen nur über einen mäßigen Reklamedienst.

Das zugleich rohe und komplizierte Spiel wäre an sich nicht erregend; aber wahrhaft grandios ist das Bild der riesenhaften Menge, die den weiten Rundbau erfüllt. Achtzigtausend Personen – eine mittlere deutsche Stadt. Wildes Geschrei in der festlich leuchtenden Luft. Es ist warm, wie bei uns im August. Flugzeuge und runde, ruhig schwebende Luftballons über dem Stadion. Turmhohe Lautsprecher verkünden mit weithin dröhnender Stimme Situation und Verlauf des Spieles. Wenn ein Tor gewonnen ist, schmettert die Musik einen Tusch, alles springt auf. Freudenjubel von achtzigtausend Personen. Wenn ein Spieler, kampfunfähig geworden, mit gebrochenen Gliedern abgeführt wird, klatscht dem Tapferen die Menge zu. Männliche Ideale faszinieren noch immer: Heldentod auf der Wiese, brav gehalten, Feld der Ehre. – Einige müssen sogar auf Bahren abtransportiert werden.

Das Spiel nicht, aber das Bild ist erregend. Farben, Farben, Farben – blauer Himmel mit Luftballons und Reklameflügen – Musik, Freudengeschrei, Hüpfen der Anfeuerer – weiße Schiedsrichter, der fliegende Ball, schwitzende, blutende, tobende Kämpfer.

Respekt vor der Nation, die ihre Vergnügungen so aufzieht, so hinreißend organisiert.

Boxkämpfe sind ein weniger erfreuliches Volksvergnügen. Wir erlebten einen sehr großen Abend in der Olympia-Hall zu Los Angeles. Als Schlußsensation: Entscheidungskampf zwischen dem Champion Mushy Callahan und Jackie Fields. Aber auch vorher allerlei Aufregendes. – Zu Anfang schlagen sich zwei ganz Leichte, gehen mit jugendlich unsachlicher Entflammtheit aufeinander los. Das nächste Paar ist schon ernster, noch nicht ganz schweres Kaliber, immer noch knabenhaft und geschmeidig, aber doch schon Athletenkörper, arbeitend mit bewußterer Technik. Der eine gibt sich nach der dritten Runde besiegt, obwohl er vier Runden zur Verfügung gehabt hätte: ein Entrüstungsschrei gellt durch den Saal! So wird sich keine Menschenmasse erregen, wenn etwa ein Unschuldiger hingerichtet wird. Dieser Feigling hatte vorzeitig genug? Unverzeihlich!

Es wird immer interessanter, die Menge nimmt mit Leidenschaft Partei. Jetzt sind zwei ganz schwere Kerle im Ring, ein schwarzer, etwas Verfetteter, und ein blonder Jähzorniger mit wütend gesenkter Stirn und tierisch verschwimmendem Blick. Das Publikum rast, seine Sympathien sind bei dem Blonden. «Go on, Blondy! Send him home, Blondy!» – «He's too fat, that's all» –, verhöhnen sie den Brünetten. Gott sei Dank ist es Blondy, der siegt, sie hätten sonst den Schiedsrichter umgebracht.

Wenn dann Mushy, der Champion, den Ring betritt, erhebt sich alles zu seinen Ehren. Trotzdem haben die meisten auf Jackie gewettet, man erkennt es aus dem Geschrei während des Kampfes, das beinahe immer für Jackie anfeuernd ist. Er scheint auch besser in Form, Mushy ist durch alte Triumphe verweichlicht. Diesmal wächst die Aufgeregtheit zum Orkan, denn diesmal geht es ums Geld, man hat hohe Wetten gewagt. Damit verglichen herrscht an der Frankfurter Börse buddhistische Ruhe. Heulen, Trampeln, Pfeifen – jeder Kinnhaken wird mit donnerndem Enthusiasmus begrüßt. Nach zehn Runden hat Jackie mit Punkten den Sieg errungen, Mushy, der sich brav gehalten hat, schüttelt ihm, ohnmächtig lächelnd, die Hand.

Wenn zwei aufeinander losgehen, bis Blut fließt oder einer am Boden liegt, ohne aufstehen zu können, ist das für Enthusiasmus kein Anlaß, sogar wenn die Rauferei nach streng sportlichen Regeln vonstatten geht. Der halb bewußte, dumpfe Sadismus von viertausend aufgeregten Männern und Weibern erscheint eher unappetitlich als hinreißend. Vom ästhetischen Vergnügen kann vollends auf die Dauer nicht die Rede sein, auch das netteste Gesicht wird durch Nasenbluten entstellt.

Es hat etwas Beschämendes, das, was das Volk liebt, *nicht* zu lieben, man steht nicht gern außerhalb. Aber es wäre feige, für etwas zu schwärmen, nur weil die Masse es tut, obwohl man es eigentlich widerlich findet.

Toller als die Exzesse, die Amerikaner sich im Sportlich-Sadistisch-Rekordhaften leisten, sind die, zu welchen sie kommen, wenn sie sich auf religiöses Gebiet begeben. – Wir haben schon die Priesterin *Aimée McPherson* erwähnt, sie ist berühmt wie ein Filmstar, und der Angelus-Tempel, in dem sie predigt, ist eine Sehenswürdigkeit von Los Angeles. Die Dame präsentiert sich als ungefähre Mischung aus der Mistinguette und einem evangelischen Pfarrer. Sie hat eine ondulierte blonde Frisur und eine ausgeschriene Stimme. Als Schauspielerin ist sie erster Klasse und von vollkommener Sicherheit. – Über ihren Geschäftssinn braucht man kein Wort zu verlieren, der ziemlich stattliche Angelus-Tempel samt allen Christusbildern ist ihr privates Besitztum, ihre Bücher tragen phantastische Auflageziffern, und sie hat ihre eigene Zeitung.

Man muß die religiöse Revue in der Reihenfolge der Nummern beschreiben. – Es begann mit einer musikalischen Darbietung, einem Chorwerk, das sich als amüsante Kreuzung aus Kirchenlied und Jazz erwies; eine muntere Kunstform; dagegen sind die Weisen der Heilsarmee lahm. Die Priesterin machte zwischen den einzelnen Kabarettnummern schelmische Conférence. Ein scheußliches, rosa gekleidetes Kind sang kreischend, mit ausgebreiteten Armen. Ein junges Mädchen produzierte sich als Kunstpfeiferin, sie konnte tun wie die Vögel, während unten eine andere Klavier spielte. Die vier Negersänger wirkten eher matt, gerade auf diesem Gebiet ist man verwöhnt in Amerika.

Als nächste Nummer kam die Predigt Aimées. Zunächst benahm sie sich etwas ungeniert, indem sie Magazine und Traktate, mit ausführlicher Preisangabe, sogar für ihre Verhältnisse reichlich jahrmarkthaft pries. Aber bald erzählte sie Anekdoten, zum Beispiel über den Teufel, der einstmals Luthern ängstigte und heute in der modernen Kunst so mächtig sei. Sie sprach viel von sich, von ihrem seligen Gatten, der in China Missionar gewesen war.

In diesem Punkte sollte sie etwas vorsichtig sein, denn ihre Vergangenheit gilt für romantisch. Ein Skandalprozeß hätte sie um ein Haar den guten Ruf gekostet. Aber der Glaube der Jünger ist unerschütterlich, am Ende stand sie als die von der Welt verfolgte Märtyrerin da. – Sie singt, sie lächelt, sie eilt geschäftig umher. Wenn sie in frommer Erregung den Standort wechselt, vergißt sie nie, das Mikrophon, in das sie spricht, mit einem geschickten Handgriff so zu richten, daß es ihre Stimme noch fängt. Denn schließlich redet eine prominente Priesterin nicht nur für die Zweitausend im Saal, sondern auch für die Hunderttausend in Stadt und Land.

Die Schlußattraktion ist fürchterlich, unbeschreiblich, die Parodie erreicht ihren Höhepunkt: es vollzieht sich die öffentliche Taufe der Gläubigen. Bühne und Zuschauerraum werden verdunkelt, im Hintergrund öffnet sich zwischen Vorhängen, blumig und hell, eine Frühlingslandschaft. In einem Schwimmbassin steht weiß gekleidet Mrs. McPherson mit einem frommen Gehilfen bis zu den Hüften im Wasser. Von der Seite her nahen sich die, so sich reinigen wollen, einzelne oder Paare oder ganze Familien. Von Aimée und dem Gehilfen kunstgerecht gestützt, müssen sie sich steif nach rückwärts auf die Wasserfläche legen, Scheinwerferlicht im Gesicht und über sich das Gebet der Täuferin: «Im Namen des Vaters, des Sohnes, des Heiligen Geistes –». Bei Nennung des Heiligen Geistes läßt Aimée ihr Opfer in die Fluten sinken, ein paar Sekunden lang liegt der steif gestreckte Körper im durchsichtigen Element. Der Gerettete kommt wieder zum Vorschein, blinzelt, reibt sich die Augen und empfindet: alles Böse ist weggespült, nichts mehr vom alten Adam. Die Priesterin sagt ihm ein paar ermutigende Worte. Indessen hat das Publikum unten in seiner Ergriffenheit zu singen begonnen, die schlichten, religiösen Liedertexte erscheinen oberhalb der Frühlingslandschaft auf die Filmleinwand projiziert.

In groteskem Zuge lösen oben die Typen einander ab, alle

in weißen Mänteln, Verzückung oder auch nur Verlegenheit in den Mienen. Hände krampfen sich in Ekstase, Köpfe sinken schief und beseligt ins heilige Naß; Hysterie läuft wie ein Feuerbrand durch den Saal.

Die Schlußrede Aimées hat verständlicherweise triumphierenden Charakter: mindestens fünfzig Personen hatten sich zur Taufe gemeldet. Herzhaft fordert sie zum Wiederkommen auf. «Ihr glaubt vielleicht, man könne auch in seinem Kämmerlein beten?» fragt sie und erklärt mit unwiderlegbarer Logik: «Aber *ich* sage euch: Jesus Christus ist auch nicht in seinem Kämmerlein, sondern in der Öffentlichkeit für uns gestorben!»

Jubel um sie herum, man schreit: «Für Gott und Aimée!» Sammlungen werden gemacht, sie hat große Einnahmen an diesem Abend.

Am Schluß war beinahe etwas wie Herzlichkeit in ihrer Stimme. Ihr Wesen ist undurchschaubar, wie das Wesen aller Scharlatanerie. Ginge es ihr *nur* ums Geld, sie hätte nicht die hypnotisierende Kraft. *Sie wirkt:* also muß sie in irgendeinem Winkelchen ihrer Seele von der Echtheit ihrer Sendung überzeugt sein. Sie ist ebensowenig gewöhnlicher Kaufmann, wie sie echte Gläubige ist; und das ist gerade das Unangenehme.

Ihrem grauenhaften Pseudogottesdienst beigewohnt zu haben, ist eine gar nicht unbedeutende Erfahrung. Es bereitet Brechreiz, aber es belehrt über die Kehrseite des Materialismus.

Es begibt sich Aufregendes in Los Angeles, und wir schauen zu.

Folgendes ist der Sachverhalt: Bei einer «Highschool»-Lehrerin meldet sich ein junger Mann und behauptet, der Vater der Schülerin Parker sei verunglückt und wünsche seine Tochter sofort zu sehen. Der Bursche weiß nicht einmal den Vornamen des zwölfjährigen Mädchens; trotzdem vertraut das Fräulein dem Unbekannten die kleine Marion an. – Das Kind wird nicht mehr gesehen.

Am nächsten Tage erreichen den Vater drohende Briefe: setze er sich *nicht* mit der Polizei in Verbindung und zahle er dem Briefeschreiber fünfzehnhundert Dollar, so bekäme er sein Kind wohlbehalten zurück. Andernfalls würde kein Sterblicher ihrer mehr ansichtig werden – «nur noch die Engel im Himmel», fügt der Erpresser mit einer etwas schauerlichen Frommheit hinzu, wobei er obendrein noch das Wort «heaven» mit einem Kreis von kleinen, säuberlich punktierten Sternen ziert. Die Briefe sind sehr gebildet im Stil, etwas anspruchsvoll und zitatenreich, überschrieben meist mit den Worten «Tod» oder «Schicksal» und gezeichnet mit «Fuchs».

Der Vater verhält sich fast unbegreiflich: er setzt sich einerseits mit der Polizei in Verbindung, einigt sich aber andererseits mit dem «Fuchs». Er will ihm das Geld bringen, verabredet Zeit und Ort, da er die Dollar ausbezahlen und sein Töchterchen in Empfang nehmen kann.

Da er in Begleitung von Detektiven am ausgemachten Platz erscheint, läßt der Fuchs sich gar nicht erst sehen. Ein neues Rendezvous muß beschlossen werden; diesmal kommt Mister Parker allein. Ein Maskierter nimmt das Geld in Empfang, fährt mit seinem Wagen ein Stück weiter, wirft, wenige Meter vom Vater entfernt, Marions Körper aufs Pflaster – und ist verschwunden. Parker, der sein Kind für ohnmächtig hält, stürzt hin: sie ist tot. Die Arme sind abgeschnitten, der Unterleib ist verstümmelt. Die Augen der Leiche sind mit Draht offengehalten.

So geschehen am 17. Dezember 1927 in Los Angeles.

Aus dieser Affäre macht die Presse eine Sensation ohnegleichen. An Extrablättern werden Hunderttausende verdient. Das Bild der unglückseligen Marion ist bald so berühmt wie das Lindberghs. Fieberhafte Nervosität ergreift das Publikum. Sechzig Personen werden unter Verdacht verhaftet. Wildeste Gerüchte laufen durcheinander. Marion, heißt es, war schwanger. Ein Stiefbruder taucht auf, der seine Schwester verführt haben soll und der also daran, daß sie aus dem Wege geschafft werde, interessiert sei. Ein anderer junger Mann, Sohn eines prominenten Arztes, wird genannt.

Der Pöbel, von einer gewinnsüchtigen Presse unverantwortlich aufgehetzt, will auf jeden Fall Blut sehen: ein vollkommen Unschuldiger wird auf offener Straße – *irrtümlich* – gelyncht und danach in einem Gefängnis aufgehängt gefunden. Um diesen Vorfall werden nicht viel Worte gemacht, aber das Geschrei um Marion steigert sich unerträglich.

Endlich hat der Verdacht der Polizei sich auf einen einzelnen konzentriert: er heißt *Hickmann* und ist neunzehn Jahre alt. Fingerabdrücke kompromittieren ihn schwer. Er gesteht den Kindesraub, leugnet aber den Mord.

Nun ist es *sein* Gesicht, das durch alle Zeitungen geht. Er ist verwegen und schön, Typus Arthur Rimbaud. Trotziger Blick und ein breiter, leidenschaftlicher Mund. Man erkennt den etwas literarischen Hysteriker nicht wieder, der sich in den Erpresserbriefen geäußert hat. Dieser ist ein störrischer, gewalttätiger, bis zum Blinden egozentrischer und naiver Bursche.

Hickmann ist tagelang das Symbol alles Fürchterlichen in Kalifornien. Er wird, als in die Falle gegangener Fuchs, mit kindischer Grausamkeit in den Extrablättern verhöhnt. Der Entgleisung eines einzelnen gegenüber triumphiert brüllend die Moral der Millionen, und auf schauerlichen Karikaturen hält «der Arm des Gesetzes» den Fuchs als zappelndes Tier. Abgründe an roher Geschmacklosigkeit tun sich auf. Selten sah man ein so widerliches Schauspiel.

Der Fall Marion Parker liegt allem Anschein nach komplizierter, als die Presse ihn darzustellen versucht. Hier wird nicht Recht gesprochen, hier wird verhüllt und wirkungsvoll arrangiert. Mit diesem fatal aussehenden jungen Mädchen war irgend etwas nicht ganz in Ordnung. Das Gerücht, sie sei guter Hoffnung gewesen, behauptet sich mit auffallender Hartnäckigkeit; ihr zerstückelter Leib freilich kann nichts mehr beweisen. War die Zwölfjährige am Ende damit einverstanden, entführt zu werden? Hickmann behauptet, am Vorabend des Mordes im Kino mit ihr gewesen zu sein, sie hätte Möglichkeiten zur Flucht gehabt. Wer weiß um das, was zwischen Menschen vorgefallen ist?

Von alledem schweigt die Presse. Daß andere Personen mit in die Affäre verwickelt sein könnten, wird nicht mehr erwähnt. Hickmann, Sohn des Lokomotivführers und entlassener Banklehrling, muß allein der Schuldige sein.

Mittelalterliches begibt sich: am Gefängnisfenster wird der junge Teufel aufgestellt, damit die Vorbeispazierenden das Raubtier sehen und sich fürchten können. Kleine Weihnachtsfreuden für den Mittelstand; ob der Knabe tief genug stand, daß man ihn anspucken konnte? Der von Millionen Verfluchte macht einen Selbstmordversuch nach dem anderen. Man ist geschickt genug, ihn zu hindern. Der Arm des Gesetzes bewahrt ihn für andere Zwecke. Da gehört einer auf den elektrischen Stuhl!

Wenn sein Martyrium zu Ende ist, wird man ihn, über anderen Sensationen, schon vergessen haben. Der Fall «Marion Parker» ist nichts Ausgefallenes oder Seltenes; er ist nur der erste Fall dieser Art, den wir in Amerika aus solcher Nähe mit ansehen mußten.

Und unsere Bewunderung für dieses Land kann das Grausen nicht betäuben, welches das Schauspiel eines solchen Prozesses uns einflößt.

Wir begegneten in Pasadena dem radikalsten Kritiker amerikanischer Zustände.

Die Frau, durch die wir *Upton Sinclair* kennenlernten,

heißt *Kate Crane-Gartz*. Sie ist aktive Sozialistin und eine der reichsten Damen Kaliforniens. Sie bewohnt ein wunderschönes Haus, besitzt vier oder fünf kostbare Automobile. – Aber ihrem Herzen ist nichts wichtig als die Sache der Unterdrückten. An ihrer Ehrlichkeit zu zweifeln ist unmöglich, hat man sie *einmal* gesehen: schwere, einfach gekleidete Frau mit derbem Gesicht und großen, warmen, tiefernsten Augen. Von allem Mondänen und Gesellschaftlichen weit entfernt, lebt sie ganz ihrer helfenden Arbeit. Statt musikalische Tees zu besuchen, befreit sie ungerecht Verurteilte aus dem Gefängnis. Macht und Vermögen, die hinter ihr stehen, geben ihrem Worte Wucht und Bedeutung. In kühnen und dringlichen Briefen wendet sie sich an die höchsten Instanzen, beschwört den Präsidenten, erklärt Richtern, Geistlichen ihren Zorn. Oft sind ihre Aktionen etwas naiv, wenn sie etwa Poincaré in einer Epistel versichert, die Ruhrbesetzung sei eine Schmach; immer sind sie mutig und ehrlich. – Ihre Protestbriefe sammelt sie zu Büchern, eines dieser Bücher ist auch im Deutschen erschienen, es hat den in diesem Falle ziemlich gewagten Titel «Salonkommunisten». Es spricht für sie, daß sie sich's leisten kann, ironischerweise den Schimpfnamen zu führen, den eine gehässige Presse ihr gibt.

Mit Upton Sinclair verbindet sie innige Freundschaft seit Jahren.

Sinclair hat über vierzig Bücher geschrieben; man ist also erstaunt, einen ziemlich jungen, ungemein frischen Mann zu treffen. Man merkt es gleich: ein ausgezeichneter Arbeiter. Ein Zäher, der die Arbeit um der Arbeit willen liebt. Ein Schriftsteller, der sein Metier so ernst und so sachlich nimmt wie ein Schreiner die Schreinerei: täglich soundso viele Seiten, jedes Jahr mindestens ein Buch, manches Jahr zwei oder drei. Jedes Buch dient der gleichen Aufgabe: aufzudecken das Böse, zu verhöhnen das Rückständige, weiterzuhelfen der Menschheit.

Auf diese Weise setzt man nicht Fett an. Der Romancier ist mager und nicht sehr groß. Typisch amerikanisches Gesicht mit dem länglichen Kinn. Vor lebhaft hellen, pfiffigen Augen den Zwicker.

Um das Haupt amerikanischer Dichter, wir sagten es schon, ist kein Nimbus. Sie sehen wie Kaufleute, bestenfalls wie Nervenärzte aus. Von dem Dichterideal des Vaters haben sie sich völlig entfernt. Der Dichter ist hier kein Priester, der im weihevollen Dunkel abseits steht, er ist wichtiges Mitglied der Zivilisation, die er kritisiert, schildert, darstellt.

Sie mögen es nicht, wenn man an ihnen geheimnisvolle Fähigkeiten vermutet. Einer wie Upton Sinclair verbittet es sich, mit der mystischen Glorie umgeben zu werden. Während des Frühstücks war etwa von dem ungeheuren Wissensstoff die Rede, der in seinen Büchern bewältigt und lebendig gemacht sei. In allen Berufswelten scheint er zu Hause zu sein, schildert ebenso fachkundig Petroleumgewinnung wie Filmindustrie. So viel Dinge, wurde behauptet, könne man nicht *wissen*, da sei Intuition im Spiel. «Nach der Lehre der Theosophen», ließ sich eine Dame vernehmen, «haben Sie alle die Erfahrungen in vorigen Inkarnationen gemacht und bewahren sie nun in einem gewissen Teil Ihrer Seele...»

Sinclair schwieg und schaute verschmitzt. Endlich sagte er trocken: «Es gibt das Konversationslexikon.» – Alle lachten, er hatte wieder einen Nimbus um sich zerstört.

Dieser Typus Schriftsteller braucht nicht einmal das bedeutsame Schweigen, er macht eine gescheite und lebhafte Konversation. Wir sprechen von deutscher, französischer Literatur, von Piscator, vom Malik-Verlag und dem brennenden Wiener Justizpalast. – Wieviel muß man sein, um so wenig aus sich zu machen! Wie sicher muß man sich fühlen, um nicht unruhig, verfolgungswahnsinnig zu werden, wenn man sich von vielen Seiten gehaßt weiß. – Wir erzählten ihm, wie berühmt in Europa das Bild sei: Upton Sinclair, seine von der

Zensur verbotenen Bücher selber auf der Straße verkaufend. Und er lachte sogar bei dieser Erinnerung. *So* dazustehen – von so vielen geliebt, von so vielen gehaßt – *und dabei lustig zu sein*, geben wir zu: dazu gehört Größe.

Erst wenn wir sehr genau zusehen, entdecken wir in diesem Antlitz fanatische Züge. Wir erinnern uns, daß er aus streng puritanisch-protestantischem Milieu kommt. Er hat das Erbe dieses Milieus übernommen: Dogmatismus, geistige Lauterkeit, Unbedingtheit, Nicht-mit-sich-spaßen-Lassen!

Nur daß sein Ethos einer anderen Sache dient.

So versuchen wir Kalifornien kennenzulernen.

Wir spazieren in den traumhaft schönen Straßen und Alleen Pasadenas, wo nur Millionäre wohnen dürfen, wo alles duftet und glänzt – und man ist ganz allein auf dem Trottoir, denn nur Narren gehen zu Fuß, der Vernünftige sitzt im Rolls-Royce.

Wir fahren in Raimunds Wägelchen – oder in den Wägelchen anderer Leute – an der Küste entlang und hinauf ins Gebirge, wo man die großen Aussichten über das Monstrum Los Angeles zum Ozean hat. Irgendwo bekommt man die Grundstücke gezeigt, mit denen der gewiegte Mirakel-Vollmöller spekuliert und die ihn bald vermögend machen werden. Eine flotte katholische Gesinnung, mit Geschäftstalent gepaart, *muß* halt auf die Dauer etwas Einträgliches ergeben, sogar wenn man zunächst, aus Versehen, seriös angefangen hat.

Wir kutschieren mit unserer Petschnikoff zum Sea-Breaze-Club, wo der Kellner berlinerisch spricht. Dort kämpfen wir gegen die Wogen, sitzen nachher auf der Terrasse und sehen dem Sonnenuntergang zu.

Was liegt gegenüber? denken wir, wenn wir auf das Meer schauen, das sich jeden Abend gleich majestätisch verfinstert. Asien liegt gegenüber.

Nach und nach kommen wir zu der vernünftigen Meinung, daß es eigentlich albern sei, wieder über den Atlantik heimzufahren. Wenn man schon einmal hier ist, verhältnismäßig so nahe dem Fernen Osten –

6

Wir hatten jetzt bereits täglich den Besuch des heiseren Managers; wenn er einmal *nicht* kam, war das *noch* bedenklicher, und dann baten wir ihn selbst herauf. «Well, Miss Mann – –» sagte er drohend, ließ sich zögernd nieder und erzählte von andern Gästen, die ihn schauerlich betrogen hatten, vor allem ein schwindelhafter junger Kohlenhändler spukte in seinen Romanen. Wir schleppten alles, was für uns sprechen konnte, herbei, Bilder, Bücher, Interviews, Prospekte; aber da er seit sechs Wochen keinen Cent von uns gesehen hatte, blieb er unwirsch und streifte nur mit einem scheelen Blick die ehrenhaften Dokumente.

Ein «Zusammensitzen» besonders konzentrierter Natur hatte als Ergebnis ein Telegramm, welches als Meisterstück gelten konnte, denn es wußte einem Verlag in knappen, aber überzeugenden Worten einzureden, daß aus unseren Talenten noch eines Tages Kapital zu schlagen sei, so daß das Geld tatsächlich am nächsten Tag eintraf. (Unser Wahlspruch: *«Wer nicht telegraphiert, kriegt nichts!»* triumphierte.)

Nun konnten wir sogar abreisen. Ohne den Heiseren zu bemühen, zahlten wir, als sei es selbstverständlich, an der Kasse, aber dem wurde die Freudenbotschaft gleich gemeldet, und er eilte zu uns, als wir im Restaurant beim Frühstück saßen; wollte uns strahlend die Hand schütteln und krächzte entzückt: «Und in Ihre Stuben ist also Sonnenschein eingezogen!» Aber jetzt spielten *wir* die Kühlen, zogen uns zurück, daß ihm ganz gruselig wurde. «Wie meinen Sie das?» fragten wir ihn gewandt. «*Wir* wußten doch, daß unser Geld kommen würde.» – Da mußte er abziehen.

Zur Station ging es in Raimunds Rumpelwägelchen, diesmal funktionierte die Bremse überhaupt nicht mehr, kam ein «stop», mußten wir, damit es hielte, an den Randstein fahren.

Dann wieder vier Tage, vier Nächte Pullman-Car.

Dann wieder New York.

Wir kamen gerade rechtzeitig für unsere Vorlesung an der Columbia-University, mit welcher die Tournée eröffnet werden sollte. Professor Heuser war es, der die Einführungsrede hielt, und trotz eines schauerlichen Wolkenbruches waren ziemlich viele Leute da. Wir wurden allgemein für ganz seriös gehalten, hatten uns schwarz angezogen, gaben uns überhaupt große Mühe. Klaus führte einiges über deutsche Jugend aus, mit besonderer Berücksichtigung ihrer Beziehungen zu Amerika; Erika versuchte zunächst das Publikum durch ihr forsches Englisch und die Pointen ihrer Rede zu gewinnen, rezitierte aber am Schluß, das Theoretische zu illustrieren, deutsche Lyrik von Hofmannsthal bis W. E. Süskind.

Das kleine Fest, welches wir nachher hatten – die offizielle Universitätsgeselligkeit war schon mittags absolviert –, mutete uns ganz heimatlich an, ganz berlinerisch, lauter junge Leute und keine «*falsche* Bohème». Von Ricki bis zu Henry mit den Blitzaugen alles vertreten.

Inzwischen hatte sich das Stadtbild in New York ganz verändert, denn unser Donald Friede war aus der Firma Boni and Liveright ausgeschieden, und der Eigentliche, *Horace Liveright*, der bei unserem ersten Aufenthalt nicht in New York gewesen war, trat in Erscheinung.

Wir liebten ihn sofort, er war unvergleichlich. Besonders prickelnd war dabei, daß man uns von ihm ein gefährlichblutrünstiges Bild entworfen hatte. – «Der Horace Liveright ist ein Raubtier!» hatte man uns immer wieder von ihm gesagt; – nun präsentierte er sich: elastisch und elegant, bei grauem Haar jung, erregbar, feinnervig. Das alles schlösse noch nicht den Raubtiertypus aus, aber er war guten und entflammbaren Herzens, was gerade wir bestätigen können. – So viel über seine private Persönlichkeit; im öffentlichen Leben New Yorks spielt er eine ziemliche Rolle; sein Verlag ist, mit dem des unangenehmen Herrn Knopf, der wichtigste, vor allem für ausländische Dinge; außerdem ist Horace aber auch Theaterproducer, will sagen: -unternehmer, eine Kreuzung aus Theaterdirektor und Stückeverleger.

Das Schauspiel, mit dem er seit Jahren Geschäfte machte, heißt «Dracula». – Aber wie soll man «Dracula» schildern? – Vier Schrecknisse garantieren den Erfolg dieser Pièce: ein zähnefletschender Wahnsinniger (von edlem Charakter, aber mit einer bösen Neigung zum Fliegenfressen); einige Fledermäuse, die in der Dunkelheit durch das Zimmer surren; Count Dracula, der Vampir, der tagsüber mephistophelisch elegant im Frackcape, nächtlicherweile aber ganz ungeniert als Werwolf kommt, um das Blut der Miss Lucie zu saugen; schließlich eine Wolfsherde, die immer dann aufheult, wenn der Werwolf sich naht. Die Szenenfolge ist so berechnet, daß, kann Dracula nicht zugegen sein, der Wahnsinnige kläfft, ist dieser aber verhindert, die Fledermäuse zu schwirren beginnen. – Kein Wunder also, daß mehrere Damen Schreikrämpfe bekamen und allabendlich das Haus überfüllt ist. «Dracula» gehört zu unsern exquisitesten Theatereindrücken.

Wir sehen aber auch andere Stücke, die weniger schauerlich und dafür besser gespielt sind. Man muß nur mit veränderten Ansprüchen und Erwartungen ins New Yorker Theater gehen; man wird finden, daß hier die Schaubühne kein ethisches Institut sein will, sondern nur ein Platz, wo man sich aufregt oder gut unterhält. – Jede *Stilisierung* des Dramas würde ausgelacht werden, es gibt nur den harmlosesten Naturalismus, nicht angekränkelt durch irgendeine «expressionistische» Geste. An gewissen Höhepunkten der Handlung, wenn geweint oder gestorben wird, verfallen die Schauspieler gern in eine lamentierend-pathetische Sprechweise, etwa in der Manier der Comédie Française, was man dann «melodramatisch» nennt.

Dabei sind in ihrer Art diese Schauspieler ausgezeichnet. Sie haben jene vollkommene Natürlichkeit, zu der noch der genialste deutsche Komödiant sich niemals durchringen kann. Man vergißt, daß sie Theater spielen. Es sind *Herren*, Geschäftsleute, Ärzte, gute Rechtsanwälte, die sich hier bewegen, miteinander verhandeln, Pfeife rauchen, sich in Unannehmlichkeiten verwickeln.

Das berühmteste Stück war damals *«Broadway»*, das schon über ein Jahr ging. Kulissenreißer von unleugbaren Qualitäten. Man bekommt Einblick in eine verworfene und anrüchige Sphäre, wo nichts unmöglich ist und dann auch das Schlimmste passiert. Auf alles ein Auge hat ständig der Detektiv, ein zugleich lahmer und traumwandlerisch intensiver Gentleman mit blauem, saugendem Blick. Noch faszinierender als er ist allein der Mörder, der ein unschuldiges Girl verführt und einen Kollegen erschießt. Nie war ein Mörder zynischer und schlimmer als dieser in seinen bösen Momenten. Aber ergreifender wurde es noch, da es mit ihm fürchterlich zu Ende ging. Er weiß sich schon aufgedeckt und verfolgt, die rächende Witwe des gemeuchelten Kameraden hat ihm auf offener Straße durch den Hut geschossen. Er flieht zum gutmütigen Kabarettwirt, damit er ihn im Hinterzimmer verstecke. Welche Gehetztheit im Blick, welche Schlaffheit in diesem sonst raubtierhaft gewandten Körper! –

Die Komödie *«Interference»*, welche viel von sich reden machte, erwies sich als mäßig, als Unterhaltungsstück betrachtet nämlich. Denn man hat sich inzwischen schon umgestellt und fragt nicht mehr nach dem literarischen Wert eines Dramas, sondern nur noch, ob es mehr oder minder aufregend «gemacht» sei, ein übrigens ebenso zynischer wie letzten Endes langweiliger Standpunkt.

Dieses Mal wird eine Dame ermordet, allerdings eine von der verkommenen Sorte. Sie fällt ihrem Freunde zum Opfer, der seinerseits schon beinahe tot ist; sein Husten verrät die galoppierende Schwindsucht. Die Zigarette im Mund schleicht er hoffnungslos und von Gott gezeichnet umher. Aus Überdruß, vielleicht aus einer Art Mitleid, gibt er seiner schlampigen Freundin Gift zu trinken, was ebenso schnell wie schauerlich wirkt. In den ganzen Handel verwickelt ist eine ehrbare Arztfamilie, ja, durch unangenehme Umstände kommt es so weit, daß auf den angesehenen Doktor der Verdacht fällt, *er* habe den Giftmord begangen. Überflüssig zu sagen, daß alles in Wohlgefallen sich löst. Die Arztfamilie feiert ein kleines Fest, während der unglückselige Mörder sich hustend abführen läßt. –

Der Sonderling, der Literatur sehen will, geht in das Theater der berühmten *Eva le Galienne*. Diese rüstige junge Person weiß nichts anderes zu tun, als Dramen von Henrik Ibsen zu spielen; diesmal gab es «The Masterbuilder», bei uns «Baumeister Solneß» genannt. Ibsen ist hier das Allerletzte, gewagter geht es nicht mehr. «The younger generation» klopft an die Tür, der alte Baumeister will den Turm in den Himmel bauen. Müde läßt Frau Solneß sich auf dem Kanapee nieder, indes läuft Hilde Wangel in Breecheshosen herum, Zigaretten in der hinteren Tasche. Diese Hilde unserer Eva le Galienne benahm sich lustig wie ein Handwerksbursche. Um so reizender wirkte ihr seltener Ernst und wenn die Unruhige sich nachdenklich niederließ. – Ihre Ausbrüche haben kein großes Format, aber ihre Stimme klingt schön, beim Klagen oder beim Jubeln, und sie hebt schön die Arme. –

Den eindrucksvollsten Theaterabend verdankten wir nicht

amerikanischen Künstlern, sondern einer Negertruppe, die in der anspruchsvollen «Theatre Guild» ein Stück spielte, das *«Porgy and Bess»* hieß. – Schauplatz: Hinterhof eines Negerhauses in einer kleinen Stadt der südlichen Staaten. Eines großen Regisseurs war es würdig, wie hier Farben und Töne gegeneinander abgestimmt wirkten, wie die alltäglichen Geräusche – Teppichklopfen, Kehren, Kinderschreien – sich rhythmisch in den Ablauf der Handlung mischten.

Diese etwas schauerliche Handlung wird niemals konventionell, denn immer wieder treffen uns menschliche Töne. Manchmal erreicht das Zusammenspiel die künstlerische Höhe der russisch-jüdischen Habima-Truppe. Solche Wirkungen kann ein Einzelner nie erreichen; dazu gehören Inbrunst und Hingerissenheit einer *Gemeinschaft.*

Vor allem *eine* Szene bleibt unvergeßlich. Frauen und ein paar alte Männer beklagen singend und wiegend einen ermordeten Freund. Ihnen ist unrecht geschehen, denn man hat den Unschuldigen aus ihrer Mitte verhaftet, weil die Polizei den Richtigen nicht kennt und für den «Gerechtigkeitssinn» des weißen Pöbels ein Opfer braucht. Der wiegende Singsang steigert sich tragisch, er wird zur Anklage, zum Geheul. Einige Weiber recken sich auf, sie heben verzweifelt die Arme. Inzwischen hat sich die Szene verdunkelt, nur die hintere Wand bleibt ganz hell. Auf dieser Wand bewegen sich riesenhaft die Schatten derer, die singen; während sie selber zur undeutlich schwarzen Masse werden, regen sich dämonisch hinter ihnen die vergrößerten Schatten, als seien es Geister, die sie beschworen haben, ihre Demütigungen zu rächen.

Die *eine* hochpathetische Szene mit den Schatten und dem Klagegesang widerlegt das ganze übrige Theater New Yorks.

Im Astor-Hotel wohnten wir mit Moissi und der Terwin Zimmer an Zimmer, die Reinhardt-Truppe gastierte in New York. – Wir sprechen Reinhardt nach einer Vorstellung von

«Kabale und Liebe». (Was für ein absurdes, unverwüstliches, tragikomisches, hinreißendes Stück! Was für unvergeßliche Leidenstöne der Helene Thimig! Und mit welch ritterlichem Glanz Paul Hartmann den Ferdinand «hinlegt»!) Es versteht sich von selbst, daß die Liebe Reinhardt-Amerika eine gegenseitige ist. Er fragte uns auf seine klassisch-knärzende, zögernde Art, ob wir ganz, für immer, hier bleiben wollten. Wir verneinten entschlossen, worauf er uns mißtrauisch maß und einiges über den «Broadway» und die Möglichkeiten Kaliforniens fallen ließ.

Ein großer Eindruck wurde es, Moissi in den «Gespenstern» zu sehen. Das Stück wird als absolut historisch empfunden, beinahe ebenso wie «Kabale und Liebe». Nicht «eingestaubt», sogar manchmal erschütternd – und immer aller Aktualität ganz, ganz ferne gerückt. Unsere Erschütterung kommt daher, daß wir erfahren, mit was für Problemen Menschen sich einstmals herumgeschlagen und worunter sie litten. – Der «Oswald» Moissis ist ein weltbekanntes Meisterstück, Schauspielerei von allererstem Rang. Den Abend, da wir ihn sahen, schien er besonders zusammengenommen, ganz in Form: jeder Nerv an ihm vibrierte, die pathologische Studie, die er lebendig werden ließ, war bis ins Detail von einer schauerlichen und grausam intensiven Exaktheit.

Moissis Popularität in New York ist enorm; als er im Roxy-Palast das «Hexenlied» rezitierte, jubelten sechstausend, und sein «Lebender Leichnam» war Stadtgespräch. Die Mischung von russischer Menschlichkeit und italienischem Glanz, die seine Kunst charakterisiert, scheint das Gefühl des Amerikaners unmittelbar und stark zu rühren und zu begeistern.

Die nächste Station war *Boston*, wo die «alte amerikanische Kultur» zu finden sein soll. Boston ist die allereuropäischste Stadt der Vereinigten Staaten, seine Atmosphäre ist englisch.

Nichts kann unamerikanischer sein als diese stillen Straßen mit den niedrigen Häusern, wo die feinen und zurückgezogenen Bürger wohnen. Manche Partien der Stadt erinnern geradezu an Bremen. Sehr viel Tradition, noch mehr Stolz auf diese Tradition. Niemand kaut Gummi, man interessiert sich für Musik und Bücher. Es wird auch nicht Amerikanisch, sondern Englisch gesprochen. – Überall die würdevollste Überlieferung. Im alten Gasthause, eine halbe Stunde vor der Stadt, soll Longfellow sein allerschönstes Poem gedichtet haben, man erfährt es nicht ohne Rührung. Altertümliches Gerät ist aufbewahrt, hohe Betten, schwere Krüge und das unbequeme Eßgeschirr. Daß das Gasthaus dreihundert Jahre alt sei, erzählt die Wirtin uns mit ehrfurchtsvoll gesenkter Stimme.

Wir wohnen in Boston bei jenem *S. M. Law*, den wir seiner gar zu großen Liebenswürdigkeit wegen zunächst für einen Mörder gehalten hatten. Es erwies sich, daß er ohne alle Hintergedanken, sondern die Güte und Nettigkeit in Person war, so naiv, wie nur Amerikaner es sein können; von einer Naivität, die beinahe schon Reinheit ist. Er war ein sehr typischer junger Amerikaner, ein richtiger Fellow, wie es ihn bei uns gar nicht gibt: langer, schlaksiger Kerl mit bequemen Kleidern und einem kleinen Wagen, an dessen Steuerrad er angewachsen schien, wie an sein Pferd der Kosak. Spricht so gaumig, daß man ihn fast nicht versteht, raucht Camel-Zigaretten und hört gern am Radio zu. Dabei aber geistig höchst interessiert und ehrgeizig, auf dem laufenden zu bleiben, hat gute Bücher und Grammophonplatten, liest Emil Ludwig und Jakob Wassermann, hat einen sehr sympathischen Bekanntenkreis.

Wir hatten Vortrag an der Harvard-Universität und waren wieder gerührt und erstaunt über die Teilnahme, der wir begegneten. Alle wollten was von deutscher Jugend wissen, wo es doch bekanntlich so besonders schwer ist, über sie Auskunft zu geben, und man auch nur von ihr gescholten wird, versucht man es, klärende Andeutungen zu machen.

Besonders hübsch war die Begegnung mit dem Professor *Kuno Franke*, dem prominentesten Germanisten Amerikas. Er steht, der über Siebzigjährige, dem Germanischen Museum vor; wir fanden ihn, als wir ihn dort besuchten, gelehrt und zart, ein sensibler Greis mit vergeistigtem Kopf. Das Museum, teilweise von unserem vergangenen Wilhelm gestiftet, enthält nur Kopien, größtenteils gotischer Werke. Der alte Professor zeigte sie uns mit schöner Innigkeit und erzählte etwas Gescheites über jedes einzelne; aber als wir alle beide den Großen Kurfürsten von Preußen für den französischen Louis XIV. hielten, erlitt der Hochbetagte doch noch einen Lachkrampf.

Beim deutschen Konsul zu Boston, Herrn von Tippelskirchen, war es, wo wir *Emil Ludwig* trafen, den berühmtesten europäischen Autor in den Vereinigten Staaten. Der wievielte Empfang seines amerikanischen Aufenthaltes mag es gewesen sein! Er hatte die Feste hinter sich, welche die New Yorker hohe Finanz zu seinen Ehren veranstaltet hatte. So schien er teils erschlafft und schweigsam, teils von einer etwas nervösen Beredsamkeit. Von seinen Vorträgen sprach er ziemlich verächtlich, sie seien nur Vorwand zur Reise, nicht mehr. Als man ihn unvermeidlicherweise nach seiner Stellung zu Amerika fragte, äußerte er sich zwar beeindruckt, doch mehr verwirrt als begeistert. – Aber das Buch, das er über Amerika schreiben wird, soviel ist sicher, muß großartig werden. Hat *einer* die Mittel dazu, mit diesem Gegenstand fertig zu werden, so er, dessen genial-journalistischer, demokratisch vereinfachender, unwiderstehlich packender Stil sich immer an den größten Themen bewährt hat, wenn es sich nicht gerade um Jesus Christus handelt. –

Das Schönste, was uns dieser Boston-Aufenthalt schenkte, waren ein paar Weekend-Tage im Gebirge. Liebenswert ist die hügelige Landschaft von Neu-England, sanft und belebt – im Gegensatz zu der großartigen, aber unbelebten Landschaft Kaliforniens –, und wir waren auch mit liebenswerten Leuten unterwegs. Außer S. M. und einigen seiner Freunde war ein ungewöhnlich bezauberndes Kind mit uns, ein Junge, mit dem wir auf der Odenwaldschule zusammengewesen waren und den wir nun, ohne auf diesen Spaß irgend vorbereitet zu sein, als Harvard-Student wieder trafen. Mit dem fuhren wir Ski und redeten Unsinn, es war eine große Freude, eine große Erquickung. –

Ein paar Tage später produzierten wir uns im Mädchen-College Brynmawr, nicht weit von *Philadelphia*. Wir hatten einen Tee mit mindestens fünfzig jungen Damen, es waren auch einige freundliche Professoren dabei. Bis auf *eine* waren alle Mädchen ungeschminkt – in Amerika ein phantastischer Anblick –, diese eine war eben aus New York angekommen und nicht sehr beliebt. Im übrigen sind die Girls ebenso sportlich wie die Boys, noch ein bißchen naiver und fast ebenso hübsch.

Dann kam *Princeton*, wo es eigentlich am nettesten war. Diese Universität ist, für amerikanische Verhältnisse, sehr alt, Anfang des achtzehnten Jahrhunderts begründet. Es sieht etwa wie in Oxford aus: graues Gemäuer, Rasenflächen, alte Bäume und junge Leute. Sie haben es gut, die hier leben. Und wir preisen uns glücklich, das gesehen zu haben.

Princeton gilt als die eleganteste Universität, wird sogar von den anderen Instituten als etwas gar zu smart bewitzelt. Hier kämen die Studenten im Gesellschaftsanzug zu den Vorlesungen, wird behauptet; aber das ist Eifersucht. Immerhin wird hier, noch ausgesprochener als in Harvard, das Gesellig-Sportliche mehr als das Wissenschaftliche betont, ohne daß das Wissenschaftliche deshalb vernachlässigt würde.

Diese jungen Leute, obwohl sie ihre Studienjahre als etwas vorwiegend Vergnügliches ansehen, bleiben im Geistigen aufnahmewillig, neugierig, interessiert. Junge Deutsche, welche *nicht* «intellektuell» sind, haben oft eine antigeistige Haltung; sie *hassen* den Geist in ihrer Eigenschaft als Reaktionäre oder sogar in ihrer Eigenschaft als Snobs, was noch unangenehmer ist. – Junge Amerikaner, ohne gerade vom Geist besessen zu sein, bewahren ihm Ehrfurcht und Sympathie.

Wir haben, gerade in Princeton, ziemlich viele intimer kennengelernt, übrigens auch Professoren. An diese Empfänge erinnert man sich lieber als an die in den großen Städten. So viel schöne, angenehme Menschen – und zwischen ihnen was für eine frische, natürliche Atmosphäre. In einem Sessel sitzt ein junger Student, auf der seitlichen Stuhllehne der alte Professor, so plaudern sie miteinander. Wäre diese Situation bei einer Geselligkeit der Münchener Universität denkbar? Dort stehen wahrscheinlich die Studenten stramm vor ihren Lehrern und betrachten sie als ihre Vorgesetzten.

Der Pädagoge, der so erfreulich wenig auf seine Würde bedacht war, hieß *Doktor Priest* und war Germanist. Er ist in hohen Ehren ergrauter Kenner der deutschen Literatur, unter seinem Protektorat fand in Princeton unsere Vorlesung statt, wir nennen seinen Namen dankbar und gern. Hierher gehört auch der des *Walter Hummelsheim*; das ist jener Junge von auffallenden Qualitäten, der uns – wie viele Monate ist's her? – schon am Schiff erwartet hatte und der zwischen uns und Princeton Mittler gewesen war.

Wäre man nicht am liebsten genau das, was man ist, möchte man doch schon sehr gern ein amerikanischer Student sein. Kein Menschenschlag ist denkbar, dem es besser in seiner Haut gefiele. Immer frisch gebadet, laut lachend, lässig, aber elegant gekleidet, wissen die selbst ganz genau, wie bevorzugt sie sind.

Alles ist großen Stils. Diese Anstalten wissen fast nicht, wohin mit den Stiftungen. Es scheint der Ehrgeiz eines jeden Millionärs zu sein, daß sein Name eine Bibliothek, eine Kirche schmücke. Sie verschenken Millionen; aber Tafeln müssen für sie aufgehängt werden. Der Princeton-University hat jemand einen See verehrt. Spaß beiseite: er hat ein Gewässer, etwa so groß wie den Starnberger See, anlegen lassen, darin rudern jetzt die Studenten. (Warum hat Stinnes nie irgendeiner Universität so was geschenkt? Ein kleines Gebirge hätte es auch getan.)

In Los Angeles wird unter dem Namen Loyola-University eine Jesuitenschule gegründet. Irgendeiner stiftet dreißig Millionen, und es wird die größte Jesuitenschule der Welt.

Geld – und ein unverbrauchtes, frisches Menschenmaterial sind die beiden ungeheuren Vorteile, die amerikanische Universitäten genießen. (Die Nachteile: Sportsfimmel – nie Verachtung, aber manchmal Gleichgültigkeit gegen den Geist – reaktionäre Rückständigkeit, vor allem in moralischen Dingen.)

Alles in allem: was uns an amerikanischen Universitäten verwundert oder gar abstößt, ist unwesentlicher als das, was uns Bewunderung und Anerkennung abnötigt. – Hier reden wir, wozu es leugnen, ein bißchen nationalistisch, nämlich als Deutsche. Man könnte die Universitäten wohl eine «Hochburg des Deutschtums» nennen. Nicht in dem Sinn etwa, daß hier den deutschen Studien vor anderen der Vorzug gegeben würde; aber benachteiligt werden sie nicht mehr. (Sonderbar eigentlich, daß wir das schon dankbar empfinden.) Eine Voreingenommenheit, die im Kriege die Formen hysterischen Boykotts angenommen hatte, scheint endgültig überwunden.

Es war rührend und schön in der Staatsuniversität von Kalifornien, ein deutsches Weihnachtsspiel von amerikanischen Studenten aufgeführt zu sehen. Die jungen Gesichter, von den Bärten putzig entstellt, mühten sich mit den feierlichen Reimen. «Ei, ei, mein Jesulein!» riefen die Heiligen Drei Könige mit komischer Betonung der letzten Silbe. Und die Jungfrau Maria lächelte süß und leer zu den Huldigungen. Sie sangen «Stille Nacht, heilige Nacht», die jungen Amerikaner, so mühevoll und so andächtig.

Den Vorträgen der Germanisten bringt man Interesse und Respekt entgegen. Wir hörten, gleichfalls an der California-Staatsuniversität, eine sehr gescheite Nietzsche-Rede unseres Freundes, des Professors *Rolf Joseph Hoffmann* – der einstmals einer Philosophenschule in Erlangen vorstand –; sogar die jungen Damen lauschten ehrfurchtsvoll der Auseinandersetzung zwischen dem Dionysischen und dem Christlichen.

Die Voreingenommenheit gegen uns ist, wenigstens an diesen Stellen, dahin. Die Aufgabe deutscher Pädagogen im Ausland ist deshalb eine sehr wesentliche: denn wo Vertrauen ist, muß es gerechtfertigt werden. Die Aufführung gewisser prominenter reisender Deutscher schadet. Was eine dünkelhafte Philosophenprimadonna verdirbt, wird mancher Universitätslehrer in stiller Arbeit wieder einrenken müssen.

7

Milwaukee a German town? Let's laugh», say children of novelist!

Dieses die Überschrift unseres auch sonst ziemlich drolligen Interviews in der führenden Milwaukeer Zeitung. Trotzdem war unser Publikum dort ein rein deutsches. Doktor Baum hatte alles arrangiert, und so nahm es einen angenehmen Verlauf. Nachher gab es Empfang und Festlichkeit in luxuriösem Haushalt.

Das Netteste, was Milwaukee zu bieten hatte, war Buschi Amendt, Freund aus Berliner und «Revue-zu-vieren»-Zeiten, in vielen Stürmen ausgezeichnet bewährt. Er war des dortigen deutschen Theaters ein und alles, Helden-, Liebhaber-

und Bonvivantdarsteller, wir sahen ihn, offen gesagt, als Kurt in Sudermanns «Ehre». Nach Milwaukee mußten wir fahren, um dies populäre Schaustück zum erstenmal zu erleben; übrigens machte es uns einen ziemlichen Eindruck, vor allem Graf Trast hatte ein männlich-inniges Wesen und brachte jenes «Pfui, Trast, das war nicht fein!» mit sublimster Akkuratesse.

Dank Buschi bekamen wir einige Einblicke in das Institut, welches deutsche Kunst in Milwaukee *und* Chikago vertritt, schlossen Freundschaft mit Yvonne, der Kätzchendarstellerin, der blonden Sentimentalen und dem eifrigen Direktor Fischer. (Um ein Haar hätte Erika die alte Alving gespielt.)

Obwohl, oder gerade weil das «Papsttheater» als das beste deutsche in den Vereinigten Staaten gilt, sollte man ein Wörtchen über das Niveau solcher Institute verlieren. In Los Angeles haben wir unter Leitung des Direktors Sprotte ein Stück gesehen, welches «Das Baby» hieß – – schweigen wir darüber. Sprotte tat sein Bestes, wie auch Fischer es tut. Aber ihre Bemühung ist aussichtslos, da die deutsch-amerikanischen Kolonien, soweit sie nicht in die amerikanische Gesellschaft völlig eingegangen, nichts Besseres wollen und vertragen. Gerade beim «Baby» amüsieren sie sich ganz ausgezeichnet. So sind die deutschen Bühnen zum Stumpfsinn *gezwungen*, was für das Mutterland keine allzu gute Propaganda bedeutet. – Dieses als bittere Nebenbemerkung.

Auch Buschis nettere Freunde in Milwaukee waren englisch Sprechende. Vor allem hielten wir es mit dem leidenschaftlichen Sohn des Milwaukee-bookshop, einem schmalen und erregbaren jungen Juden, den wir des schwarzlockigen Haupthaars und der klingenden Armbänder wegen Jessika tauften, auf welchen Namen er gern hörte. Mit ihm hatten wir, damals wie auch später noch, viel Spaß.

In Chikago war es, offen gesagt, der Columbia-Damenklub, wo wir uns produzierten. Wir hatten also aufmerksames und charmantes Publikum. Nachher wurden wir von verschiedenen Ladys gefragt, welche Erziehungsmaßregeln wir ihnen gegen ihre aufsässigen Söhne raten würden. Sie wußten nicht, daß sie den Bock zum Gärtner machten.

Wir blieben in Chikago zwei Wochen – und taten uns um.

Interessant bis zum Schauerlichen ist es zum Beispiel, daß es in Chikago allein hunderttausend Arbeitslose gibt (und in New York soll es noch schlimmer sein). Und das im reichsten Land der Erde! Und das, während Hotels und Läden auf dem Michiganboulevard buchstäblich vor Luxus *bersten*. Machen wir uns nichts vor: es hat was von den Zuständen vor der Französischen Revolution.

Wie soll man diesen Michiganboulevard richtig beschreiben? Eine Pracht- und Galastraße, wie die Champs-Élysées (nur halt mit Wolkenkratzern!). Aber halbfertig!! Das muß man sich vorstellen können: dem See gegenüber eine gewaltige Front von monumentalen und wunderschönen Gebäuden. Aber das Ufer am See: bauplatzartig, voll von Gerümpel, keine Anlage und kein Park. *Die repräsentativste Straße Chikagos ist erst im Entstehen* – nun begreift man, wie phantastisch jung diese Stadt ist. Prachtgebäude – und daneben die Öde. Ein neues Stadion von gigantischen Ausmaßen, ein neues Museum, obwohl das ältere auch sehr stattlich war. (Es enthält einige herrliche El Grecos, einige herrliche Cézannes, Renoirs, Gauguins, Manets – sehr, sehr viel scheußliche «moderne» Amerikaner.)

Sie haben einen Baufanatismus in dieser Stadt. Die Aktivität ihrer Menschen verlangt es, daß die Häuser aus der Erde schießen, ganz gleich, was mit den Häusern dann passiert. – Wir besichtigten das neue Krankenhaus. Daß es von einfallsreicher Praktischkeit ist, setzt man als selbstverständlich voraus. Die Zimmer beinahe häßlich vor Einfachheit, aber raffiniert komfortabel. Für Versuchszwecke eine ganze Menagerie von Tieren. (Sie werden chloroformiert, wie

Menschen, wenn man neue Operationen zunächst an ihrem Körper ausprobiert. Und man kann für die Versuche so viele haben, wie man braucht – erzählt der Doktor Hiller, der uns führt –, dreißig, wenn's sein muß; in Deutschland muß der Geheimrat selbst ziemlich lang bitten, um nur *eins* zu bekommen.) – Aber was wir über das Bauen sagen wollten: dieses Krankenhaus ist erst halb in Betrieb, weil das Geld fehlt, um es ganz zu eröffnen. Es sind noch zweiunddreißig Millionen Dollar da, aber ausschließlich zu Bauzwecken bestimmt. Eine Frauen-, eine Kinderklinik sind geplant. Das schon fertige Hospital steht halb unbenutzt. – Die reichen Leute stiften gerne etwas. Aber *gebaut* muß werden für ihr Geld – damit ihre Güte ein unvergängliches Denkmal habe.

Hiller, der uns, wie gesagt, durchs Krankenhaus führte, – auch seine kleinen Gehirnpräparate zeigte, war natürlich ein Deutscher (bei Geheimrat Müller in München gewesen) – übrigens auffallend nett. Die deutsche Kolonie in Chikago ist besonders ausgedehnt und teilweise sogar geistig interessiert (was man nicht von den deutschen Kolonien aller anderen Städte behaupten kann). Während des Krieges, als alles Deutsche in Amerika unter einem fast unerträglichen Druck stand, wurde hier viel für das Deutschtum gearbeitet. Wir nennen gern die Namen einiger unserer Freunde: die Familie Günzel; Frau Nitze und die ausgedehnte Sippschaft der Eitels (denen das Bismarck-Hotel gehört). Wir machten sogar auf der deutschen Zeitung Besuch, der «Abendpost» (sie ist etwas besser als die entsprechenden Blättchen in New York, Los Angeles usw.). Der Mann, der sie leitet, Herr Müller, ist ein gehetzter Grauhaariger; er klagt darüber, daß es vierunddreißig fremdsprachige Zeitungen in Chikago gibt! – was ja auch wirklich etwas Erschreckendes hat.

Ein paar Worte über *Doktor Simon*, deutscher Generalkonsul in Chikago. Er ist der Typus eines geistigen Politikers, an dem das wilhelminische Deutschland – nach allem, was man hört – so arm war. Im Kriege Generalstabsoffizier, wurde er Freund und Mitarbeiter Rathenaus während dessen einem Ministerjahr. (Simons Schrift «Aus dem Leben Walther Rathenaus» – sachlich, warm, aufschlußreich – ist sehr zu empfehlen.) Er gehört zu denen, die die Krise des deutschen Menschen – da sie die alten Werte, denen ihr Enthusiasmus gegolten hatte, zerbrechen sahen – mit schmerzlichster Bewußtheit miterlebten. Sein zerarbeitetes Gesicht zeugt von der ständig innigen Bemühung, mit der er um die neuen Werte wirbt – zeugte nicht sein immer innerlich erregtes, immer anspruchsvolles, immer suchendes Gespräch davon.

In Gesellschaft des Doktor Simon besuchten wir eine radikal moderne kleine Bildergalerie. Es war ergreifend zu sehen, wie sehr er sich Mühe gab, diesen pathetischen Experimenten näherzukommen. Er diskutierte über die Verwerflichkeit der abstrakten Malerei. («Dieses Übermaß an Subjektivismus hat uns ja in den Krieg getrieben!» sagte er heftig.) Ihm erwiderte der kleine, affenartig aussehende Amerikaner, welcher uns führte, seinerseits ein mindest ebenso leidenschaftlicher Idealist.

Die Ausstellung ist in einem Hinterhaus untergebracht, dieses Hinterhaus liegt in abenteuerlicher Gegend. Man watet durch Schmutz, bis man hinkommt, es geht durch italienisch schmale Gäßchen. Was einem nach solcher Wanderung gezeigt wird, sind unfertige, unselbständige Dinge. Überall ist europäischer Einfluß (Picasso, Dix, Klee, Beckmann). Das Rührende ist die doppelte Bemühung: einerseits europäische Ausdrucksmöglichkeiten einzuführen, andererseits eine national-amerikanische Kunst zu schaffen. – Es lohnt sich, den dreckigsten Gang zu wagen, um diese Bemühung feststellen zu können.

Der Katalog der «Exhibition of Chicago Moderns» ist Julius Meier-Graefe gewidmet (der einige Tage vor uns in Chikago war). Aber er hat seine Freunde in der Vorstadt enttäuscht. «Der macht ja einen Punkt bei Cézanne!» behauptet unser Führer gekränkt – und findet das (mit Recht) altmodisch.

Doktor Simon war auch dabei, als wir das Irische Theater besuchten. (Ein alter, einflußreicher Ire, eleganter Herr mit grauem Spitzbart, hatte uns angenehmerweise alle eingeladen.) Es war die beste Komödie, die wir, seit wir Berlin verließen, sehen durften. Ein Spiel von russischer Eindringlichkeit. Ein dämonischer Naturalismus, so daß es durch Mark und Bein geht zuweilen. Das Stück – welches in der irischen Revolution spielt – von unbarmherzigstem Pessimismus. Milieustudie in einer Armenmietswohnung, eine stirbt, die andere wird wahnsinnig, die Männer saufen – einer diskutiert über Marx –, Soldaten dazwischen, Schießereien, Läden werden geplündert, die armen Leute stellen sich scheußliche Stutzuhren, üppige Lampen in die kahlen Zimmer. Das Stück ist sehr grausam gegen die Iren; noch grausamer allerdings gegen die Engländer, die unmenschlich dargestellt sind. –

Sonst ist im Theater nicht sehr viel los. Der Komponist Gershwin, dessen «Rhapsody in Blue» wundervoll war, machte Musik zu einer Operette «Oh Kay». Sie ist – welche Enttäuschung! – so glatt und öde wie alle Operetten und Revuemusik. Die Möglichkeit, Geld zu verdienen, hat aus diesem einzigartigen und wahrhaft modernen Talent in erschreckender Eile einen uninteressanten Könner gemacht. – Von den übrigen Revuen und derartigen Darbietungen ganz zu schweigen. Es ist eine Tatsache, daß vollkommen ungeistige Kunst *langweilig* ist. (Beispiel: Detektivroman und Ausstattungsrevue, unfehlbar einschläfernd beide.)

Man erspart es sich lieber, von den berühmten Stockyards zu erzählen (die wir aus Gewissenhaftigkeit, sicher nicht aus Neugierde, besichtigt haben). Wie gerne überläßt man es dem Talent eines anderen, zu beschreiben, wie aus einem angstschreienden Tier innerhalb einer Stunde ein appetitlicher

Schinken wird. (Wir Optimisten hatten uns eingebildet, das Schwein würde wenigstens betäubt, ehe man ihm den Hals durchschneidet.) In dieser Hölle, die einen Mister Swift zum Multimillionär macht, werden an manchem Tag hunderttausend Tiere getötet. (Und die Menschen fressen das, fressen das – und entblöden sich nicht, an die hohe Stufe ihrer Kultur zu glauben.) Wenn man dieses Martyrium der Kreatur mitangesehen hat, sollte einem *für ein Leben lang* das Lachen vergehen. (Wobei die Frage ist, wem unser Mitleid mehr gelten muß: dem Tier, das zu sterben hat, oder dem Mann, dessen *Lebensarbeit* es ist, Stunde für Stunde, Tag für Tag wie eine Maschine zu töten – zweiundachtzigeinhalb Cent Lohn für die Stunde –, und der seinerseits auf den elektrischen Stuhl geschnallt wird, wenn er sich vergißt und einen Menschen umbringt statt eines Ochsen.)

Ein Rundgang durch die Stockyards Swift and Company erinnert uns an das, woran wir nicht gerne denken: – *daß nämlich unsere gesamte Zivilisation auf einem Untergrund von Grausen, Jammer und grenzenlosem Elend steht.*

Berichten wir, um etwas abzulenken, vom Chikagoer Nachtleben, von den Negerlokalen, dem Apex-Club und der Madame Holt.

Nora trägt sich mit dem Anstand einer Herzogin. Macht man sie mit einem Kavalier bekannt, senkt sie die Lider mit jener fast pikierten Würde, welche die Dame charakterisiert. Später erst wird sie aufgeräumter.

Sie ist Chansonette von exquisitestem Ruhm. Keine von der populären Sorte, Revuekönigin – Josephine Baker –: unsere macht Sensation in ausgewählten Zirkeln, Freundin der international-intellektuellen Kreise. Eine richtige Negerin ist sie nicht. Neuerdings hat sie sich sogar das Haar glatt machen lassen, blond gefärbt trägt sie es schon lange. Dieser Trick, widerspenstiges Haar zu entkräuseln, ist für arrivierte Damen ihrer Rasse ausgedacht worden. Man braucht dazu sehr komplizierte Apparate, es soll kostspielig und schmerzhaft sein. Die blonde Jungsfrisur sieht aufreizend aus zu breiter Nase, blanken Augen und zum grellen, dicklippigen Mund.

Die ihr Silberkleid heute mit eleganter Nonchalance trägt, sich so kostspielig herrichtet wie nur irgendeine auf der Fünften Avenue, kommt aus der finstersten Gegend New Yorks. Der Anfang heißt: Harlem, das schwarze Viertel. – Eines Tages findet sich die kleine Chansonette in Paris, fällt auf mit der tiefen Stimme und dem hübschen Hinterkopf. Irgendein Einflußreicher interessiert sich für sie. Nun geht es rasch, und sie lernt bald die großen Allüren.

Die erotischen Triumphe dieser Frauen rächen ihre tief gedemütigten Brüder. Tausende werden nicht anders als die Tiere behandelt; aber irgendwo tanzen ein paar Weiber ihrer Rasse, und weiße Männer werden nach ihrem dunklen, festen Fleisch verrückt. Sie unterliegen der Anziehungskraft des unverbrauchten jungen Blutes; begehren da, wo sie ihren Prinzipien nach verachten müßten.

Die Kavaliere, die uns mit Madame Holt zusammengebracht haben, sind keine Abenteurer, sondern angesehene und gesetzte Herren. Es ist sogar ein Schuldirektor dabei, ein liebenswürdig Ergrauter mit einem sanften Denkergesicht. Dieser ist es, der sich am meisten um Nora bemüht. Ein anderer unserer Bekannten, Romanist, intimer Kenner der französischen Literatur, plaudert pariserisch mit ihr; es ist nicht unmöglich, daß sie über Racine und Corneille sprechen. –

Der Apex-Club ist im Süden der Stadt Chikago gelegen. Nora hat das Etablissement gegründet, aber sie singt nicht mehr hier oder doch nur bei außergewöhnlichen Gelegenheiten. Sie ist die Attraktion, die sich zeigt. Nicht ohne Hochmut schaut sie den kleinen Kolleginnen zu, wie sie sich plagen. Sie steppen, plärren ihre Lieder, schütteln sich unanständig. Das Orchester tobt außer Rand und Band, ein schwarzer Kerl verrenkt abenteuerlich die Glieder. Die Räumlichkeit ist auf exotisch hergerichtet: zeltartig mit roten hängenden Tüchern. Purpurne Dämmerung, zerrissen von der Musik. Unter den Gästen sind nicht sehr viel dunkle Leute, nur Bedienung und Tänzer sind schwarz. Im übrigen ist das feierliche Halbdunkel dezent: manche Gesellschaftslady, die hier mit einem Neger den Charleston wagt, zieht es vor, unerkannt zu bleiben.

Die Stimmung erreicht das, was man einen Höhepunkt nennt, über die Neger ist besessene Lustigkeit gekommen. Da man Nora bittet, sie solle singen für uns, sträubt sie sich erst und tut spröde. Aber natürlich schmeichelt ihr unser Eifer, und als man sie mit Gejohl zum Flügel trägt, kann sie nicht widerstehen. Die Tanzmusik bricht ab, ein Tusch verkündet, welche Sensation es gibt. Man umsteht sie in erwartungsvollem Zirkel, sie sitzt am Flügel, der Menge halb zugewendet, einen Fuß zurückgestellt, den andern auf dem Pedal, in der klassischen Haltung der Chansonette, schwer auf den Tasten die dunklen Hände. Hinter ihr sitzt in seinem Reifen der weiße Pfau, ausgestopft, aber im Halbdunkel scheint er lebendig.

Sie beginnt, ihre Stimme kommt noch tiefer, als man es erwartet hatte. Sie tönt feierlich wie ein Gong, ein wenig rauh, aber manchmal aufglänzend mit einem Ton, der wie ein dumpfes, mutwilliges Jauchzen klingt. Ihre Haltung ist hochdramatisch, in der Wendung ihres Kopfes liegt Pathos. Vergessen ist die elegante Dame von vorher; diese *singt* nur, existiert nur im Rhythmus, nun ist sie eine Art Priesterin, so ernst waltet sie ihres Amtes. Sie begleitet, ohne hinzusehen, ihre Finger finden die richtigen Tasten. Sie zeigt uns, während sie singt, ihr todernstes Gesicht – uns scheint es todernst, sogar wenn es sich lachend verzerrt.

Vor unserem halbtrunkenen Blick verwandelt sie sich zum Sonderbaren. Der eitle Pfau wird auffliegen hinter ihr und sein eitles Gefieder spreiten. Sie wird, die Singende, eine Negergottheit sein, die ihren rhythmischen Gottesdienst hält. Bunt behangen, mit breitem Mund und über der dunklen Stirne das unerlaubt blonde Haar, hat sie keinen Gedanken mehr, nur noch Takt – –

Das ist Chikago, wo täglich hunderttausend Tiere sterben und hunderttausend Menschen hungern, weil sie keine Arbeit haben – aber man könnte dasselbe von fast allen großen Städten sagen –, das neue, riesenhafte, schmutzige Chikago im Staate Illinois am Michigansee. Mit nach Süden und Norden sich weit erstreckenden Villenkolonien; mit Museen, dreckigen Vorstädten, Bahnhöfen, Stockyards. Mit Negermusik, Blutgestank, amerikanischen und deutsch-amerikanischen Spießbürgern. Starrend vor Luxus und Schmutz; verbindend zwischen Kalifornien und New York.

Wer Amerika kennen will, muß sich *hier* umgesehen haben.

8

Wir rückten weiter nach dem Mittelwesten vor, Amerika begann sein anderes, kahles, trostloses Gesicht zu zeigen. Wir wollen nicht von allen Städten erzählen, eine sieht wie die andere aus. Nehmen wir irgendeine!

Lawrence, im Staate Kansas: wir haben auch dort über deutsche Jugend vorgetragen. Kleine Universitätsstadt, nicht weit von Kansas City entfernt (was etwa der Geburtsort des Typus «Babbitt» sein dürfte). Dieser Staat gilt als Hochburg des Puritanismus, hier wurde das Prohibitionsgesetz ausgedacht, und hier war sogar ein Jahr lang das Zigarettenrauchen verboten. Trotzdem werden hier die Fremden nicht gelyncht, im Gegenteil, man begegnet ihnen aufmerksam und zeigt ihnen alles gern. Zu unseren Ehren wurde sogar gesungen, denn die Studentenfamilie, bei der wir zu Gast waren, tat sich durch besonderes Musikverständnis hervor. (Diese Familien heißen in den amerikanischen Universitäten «Fraternities», und sie haben ein sehr trautes Zusammenleben.) Man sang also vor Tisch etwas Frommes, einen Choral, dann, zwischen den Gängen, etwas akademisch Munteres, es war immer wieder ein rechter Schreck, wenn sie, mitten in die harmlose Unterhaltung hinein, ihre forschen Donnerweisen schallen ließen. Nie vergessen werden wir den Empfang, mit dem die Fraternity uns überraschte. Es war, sogar in Lawrence noch, schön, mit den jungen Leuten ins Gespräch zu kommen – denn es sind Kameraden, wenn auch noch so fremd geartete –; aber die alten Damen fragen so grauenhaft viel. Eine wollte allen Ernstes wissen, was wir in Deutschland für neue Harfenmusik haben. Wir entschädigen die lieben Leute, indem wir ihnen was Ausführliches über unsere Reisepläne nach Japan und China erzählen. Beinah glauben wir selbst schon daran. – -

Später besichtigten wir, was es zu besichtigen gibt, vor allem natürlich das Stadion, es faßt sechzigtausend Personen. (Hat München, Hamburg dergleichen aufzuweisen?) Am bemerkenswertesten ist, daß Lawrence, als einzige Stadt im Lande, eine eigene Universität für Indianer hat, tausend Schüler, und sie sollen sehr intelligent sein. Ein eigenes Stadion haben sie auch, selbstverständlich. Der Indianer wird nicht, wie der Neger, verachtet. Man bringt ihm, dem «Ureinwohner» des Kontinents, beinahe eine gewisse Verehrung entgegen.

Am nächsten Morgen: wieder in den Pullman-Car. – So verläuft der Aufenthalt in einer kleinen amerikanischen Stadt.

Wir sind unersättlich und wollen es *ganz* genau wissen. Man hatte uns zehnmal gesagt: wahrhaft typisch, ganz amerikanisch sind nur die entlegensten Plätze des Mittelwestens, «wo die Europäer *nicht* hinkommen», sagte man uns mit Hohn. Da erwachte unsere ehrgeizige Neugierde, wir verließen den Santa-Fe-Zug dort, wo es *recht* typisch sein mußte, stiegen in *Wellington* im Staate Kansas aus.

Wir nahmen radikalerweise nicht im Bahnhofshotel Quartier, da es immer noch zu großstädtisch aussah, sondern zogen, vor nichts zurückscheuend, in Antlers Hotel, das an der Hauptstraße liegt. Nun hatten wir, was wir suchten: verdächtig riechendes Treppenhaus, finsteren Vorraum, wo sich gefährlich wirkende Kerle in Schaukelstühlen wiegten oder Karten spielten. Wanzen waren keine im Bett, aber im Badezimmer roch es wie im Treppenhaus, nur leider noch intensiver.

Wir begannen damit, spazierenzugehen. Was für ein schauerlich ödes Idyll! Welche Trostlosigkeit in dieser Ruhe! Das armseligste und abgelegenste europäische Dorf hat inneres Leben, hat Rhythmus, ist um die Kirche herum organisch entstanden. Diese mechanisch angelegten Straßen atmen den Tod. Sie sind breit, komfortabel für den Autoverkehr. Die säuberlich kleinen Familienhäuser haben sogar auf ihre Art etwas Gemütliches mit der Holzveranda und dem Gärtchen – «a cosy home», nennt das der Amerikaner im Liede, «just made for two» –, das heißt, für das Kind ist natürlich auch noch Platz gelassen. Trotzdem denkt man ans Lebendigbegrabensein, wenn man sich, daß man hier leben müßte, vorstellt. Eine sentimentale Gruft mit laufendem Wasser, Radio und elektrischem Licht.

Wellington hat eine Hauptstraße, Mainstreet genannt, wie alle kleinen amerikanischen Städte (hier führt sie noch den speziellen, extravaganten Titel Washington Street) – an ihr liegt das stattliche Postgebäude mit Säulenportal, das Rathaus, ziemlich viel Läden, übrigens auch Antlers Hotel. Auf dieser Hauptstraße sind wir rasch zu Hause, sonderbar, daß man das alles einmal *nicht* gekannt hat. Die Auslagen eines jeden Geschäftes wissen wir nun bis ins Detail auswendig. (Über einem Schuhgeschäft hängt als Wahrzeichen so ein komischer großer Stiefel; werden ihn nie vergessen.) Ein Hotel heißt, echt pariserisch: «de Hamburg», Pension «Isis» bietet Zimmer an.

Leider konnten wir nur den ersten Abend ins Kino gehen, denn das einzige vorhandene wechselt das Programm nur wöchentlich. Wir sahen einen blödsinnigen Golffilm, so recht etwas Elegantes; das gefällt den Leuten von Wellington. (Ein Kino in kleiner Mittelweststadt aufmachen: bombensicheres Geschäft.) Das Haus war überfüllt, die netten jungen Farmer in den Lederwesten ließen die Beine über die Stuhllehnen hängen. Es spielte sogar eine Art Harmonium, während die sportlich amouröse Intrige sich zutrug. –

Das anständigste Essen gibt es, wie wir ausprobiert haben, im Bahnhofsrestaurant. Hier werden auch die Reisenden der Santa-Fe-Züge verköstigt, wenn sie für Lunch oder Dinner dreißig Minuten Aufenthalt haben. (Denn nicht alle Santa-Fe-Züge führen Speisewagen.) Sehr blamabel ist es allerdings, wenn man in diesem Lokale gerade zur Ankunftszeit des Zuges einen Imbiß nimmt. Alles springt den Reisenden entgegen, die hastig und rußig aus den Pullmans steigen, man selber sitzt unbeachtet beiseite, hat ein ganz alteingesessenes, kleinbürgerliches Aussehen. Trotzdem essen wir nicht gerne in unserem Hotel; ohne geradezu schmutzig zu sein, hat es etwas Unappetitliches; da spielt man lieber im Bahnhofsrestaurant eine untergeordnete Rolle.

Es ist sogar hier Frühling, warmer Wind verzaubert sogar diese Landschaft. Verläßt man die kleine Stadt, hat man einen dunstigblauen Himmel, braune Erde, Kühe und die noch kahlen Umrisse der Bäume, die nun bald grün sein werden.

Wir machen, unternehmungslustig, wie wir sind, eine Autopartie zur nächsten Ortschaft, welche *Oxford* heißt. Dort wird Öl gewonnen, davon lebt luxurios irgendeiner an der Fünften Avenue in New York. – Im übrigen sah es in Oxford noch hoffnungsloser als in Wellington aus. –

So also ist es zwischen Kalifornien und Chikago, das ist das Typische, nun haben wir es gesehen. Es wäre nicht so schlimm, wenn es ein bißchen weniger zivilisiert wäre. Ein *wenig* Wildnis, nur nicht diese schauerlich abgestorbene Bequemlichkeit! Amerika sorgt dafür, daß die Segnungen seiner Gesittung bis in die entferntesten Winkel des Kontinents kommen: Kino, Fordwagen, Camel-Zigarette, Radio, Kaugummi.

Angesichts dieses nur zu realen Amerikas erinnert man sich an das konstruierte, traumhafte, aus dem unsere anglomanischen Romantiker, allen voran der Bert Brecht aus Augsburg, hymnische Literatur machen, wie einstmals andere, vielverspottete Poeten aus Indien oder Italien. Was diese sich über die Vereinigten Staaten ausgedacht haben, ist so falsch, daß es eine Blamage und eine Lächerlichkeit ist. Wir wünschten dem Bert Brecht, *eine* Woche in Wellington leben zu müssen, es könnte sein, daß ihm vor Widerwillen die Luft zum Atmen ausgehen würde; er bleibe lieber in Augsburg oder Berlin, dortselbst das Land der unbegrenzten Chancen zu besingen! – Das kommt davon, wenn Gott einem lyrisches Talent gegeben hat, auch Geschäftssinn, es auszunutzen, aber gar keinen Intellekt, es anständig zu verwalten, nicht einmal die nötige geistige Klarheit, es am rechten Ort anzuwenden. –

New York, Chikago können in Taumel versetzen; aber die Ernüchterung folgt, lernt man erst die Provinz kennen. – Was ist eine solche Stadt? Ein angelegtes Dorf, wo die Farmer der Umgegend ihre Einkäufe machen; mit schematischer Straßeneinteilung und ziemlich viel Automobilen. Was für ein abgestorbenes Idyll! Wenn irgendwo die Leidenschaft des zukunftswilligen Gedankens machtlos ist, so hier. Denn hier begegnet sie keinem Widerstand, sondern der tödlichen Ruhe der Menschen, die es am Leibe gut haben und verfaulen, abstumpfen in ihrer Seele.

Wir sind ein paar Tage später am Grand Canyon, der großen Schlucht, hoch oben in Arizona. Er bedeutet eine der vielen Rekordleistungen Amerikas, nämlich den Rekord einer *unwahrscheinlichen* Landschaft. Man hätte diesen farbigen Abgrund niemals auf unserer Erde vermutet. Wie es lila, blutrot, bräunlich in die Tiefe geht, so stellt man sich die Gebirge anderer Planeten vor.

9

Am Morgen fuhren wir wieder durch unsere alte Pseudowüste, und dann kamen Palmen, Pfefferbäume, der Küstenstrich Kaliforniens. Wann war es, daß wir in Raimunds bremsenlosem Wägelchen so gefährdet zur Station brausten? Gestern? Vor zwei Jahren? Nie wird die Zeit dir so zum Rätsel wie auf Reisen. Sie dehnt sich, zieht sich zusammen, wie es ihr beliebt, sie ändert ihre Perspektiven täglich, Wochen, die «zu ihrer Zeit» endlos und von penetranter Realität gewesen, erweisen sich nachträglich als geträumte Minuten.

Die Station von Los Angeles also lag da, gleich, in immer gleicher Witterung, die «yellow-cabs» standen häßlich an ihrem Platz, Los Angeles, riesenhafte Ansiedelung, keine Stadt, dehnte sich in hoffnungsloser Weite, aus dem Angelus-Tempel tönten die frommen Kabarettgesänge von Aimée, die Ausstellungsgebäude flimmerten im Lichtreklamenschein – da war der Boulevard, da war das Plaza-Hotel.

Wie der Heisere sich freute! Ganz als habe es nie Konferenzen und Kümmernisse gesetzt. Unsere alten Zimmer wies er uns an, es gab ein sentimentales Wiedersehen. Nie waren wir fortgewesen. Und wo blieb die Zeit? Nun – Besprechungen und Interviews von der drolligsten Sorte hatten wir schließlich in der Tasche, als kärglichen Beleg.

Jannings war noch da und Berger und viele andere auch. Ein Glück! Die alte Heimat stand offen. Alle schimpften sie, wie ehedem. Nichts hatte sich verändert. Berthold Viertel war neu hier. Ihm gefielen noch die Palmen, und er sprach davon, täglich ans Meer zu fahren und wunderhübsche «stories» zu schreiben. Ob man ihn gelassen hat?

Dann kam unser Vortrag im «Friday Morning-Club». Dort hatte vor wenigen Wochen auch Keyserling geplaudert, man sprach noch viel davon, aber, wie überall, mehr von seiner «Liste» und seiner hochkapriziösen Persönlichkeit.

Danach gab es Tee bei jener edlen, einzigartigen und wundersamen Dame, der allein wir es zu danken haben, wenn wir nun Asien kennen und das paradiesische Hawaii. Diese Liebenswerte, der wir von unsern Weltreiseplänen gesprochen hatten, steckte uns, beim Tee und als sei's eine kleine, wertlose Überraschung zum Dank für einen ebenso kleinen und wertlosen Vortrag, ein Röllchen Papieres zu, welches sie mit Rosaband zierlich umwunden hatte. Mochten wir es immerhin für eine Photographie ihrer Hunde halten oder für eine Autokarte von Los Angeles–Pasadena.

Der Tee verlief aufs angenehmste. Irgendwer hielt eine Rede über die zweckmäßige Verwertung von Naturgewalten, man plauderte und diskutierte.

Auf dem Heimweg, im Auto, entdeckten wir unterm Rosaband ein Papier der Kalifornischen Wasserwerke im Werte von tausend Dollar zuzüglich einiger Zinsen und Zinseszinsen.

Wir hielten sofort beim Reisebureau und legten unser kleines Vermögen in zwei First-Class-Tickets nach Japan an. Ein

Reisewind

Schiffsidyll

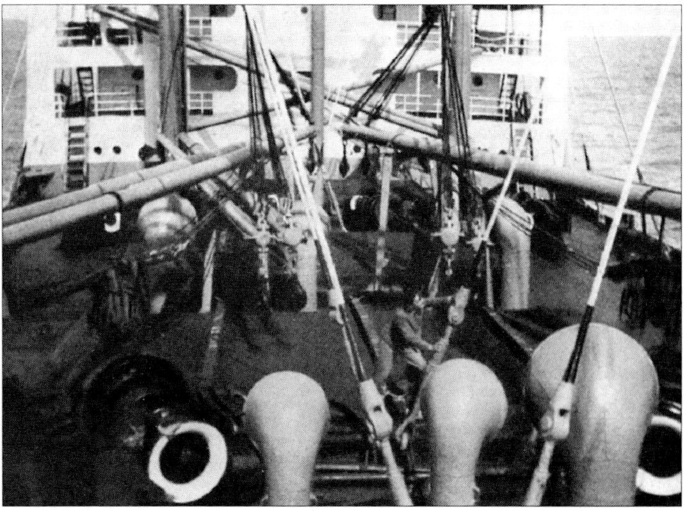

Neue Schönheit … bei Nacht

… bei Tag

Mit dem Neger unterwegs

So sieht es aus

Mit Emil Jannings auf dem Felsen

Familienglück (Jannings, E. M., K. M., Gussy Holl, Tochter Rut)

In Universal City:
Conrad Veidt, K. M., Mary Philbin, E. M., Leni

Das Weihnachtsfest
(hintere Reihe von rechts nach links): Mendes, Jannings, Berger, E. M., Bamberger, Dorothy Maccail; (vorn von links nach rechts): Conrad Veidt, K. M., Gussy Holl, Murnau, Hans Müller

Ziemlich hoch oben

In Ludwig Bergers Gärtlein

Nora vom Apex-Club

Jener Ricki

Harvard-Student

Mit Buschi Amendt in Chikago

Café de Hamburg

Mainstreet

Mit der Kuh

Otto H. Kahn: plaudernd

Beverly Nichols: plaudernd

Louiza tanzt

Fui Fui klettert

Klassische und moderne japanische Bühne

Moritz Stiefel

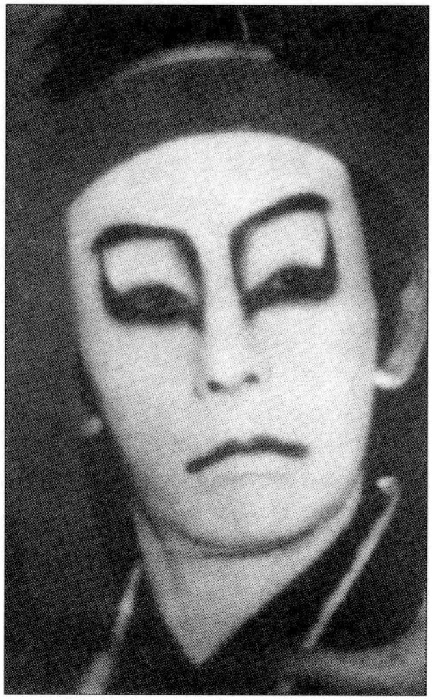

Der große Ganjirō

Mit dem Ensemble des «Kleinen Theaters» in Tokio
1. der Direktor, 2. unser Hata, 3. K. M., 4. Wendla,
5. E. M., 6. der Moritz

Theaterstraße

Häßliches Tokio

Kleine Hotelbesitzerfamilie

Leute von Gifu

Nikko – Tempel

K. M., heiliges Tier fütternd

Moskau

Die Kamenewa

paar andere Einnahmen waren noch zu erwarten, so hofften wir, mit Hilfe von Gott, 8-Uhr-Abendblatt-Redaktion und anderen guten Mächten durchzukommen.

Es blieben, um von Hollywood Abschied zu nehmen, vierzehn Tage; Zeit genug für einige zärtliche, gediegene Abendessen bei Jannings, einen Ausflug nach Ocean-Parc – unschilderbar grausige Achterbahnfahrten, Kunstschießen und Eselreiten – mit Ludwig Berger, Badeleben mit Lilly Petschnikoff, Plauderei mit Beer-Hofmann, der im Begriffe stand, zu arrivieren; aber Raimund war ein bißchen nach Wien gefahren, übrigens auch Hans Müller, aus vorübergehendem Degout.

Statt ihrer war Rudolf K. Kommer im Ambassador zu Los Angeles eingetroffen, mit ihm der gewaltige Otto H. und eine Herrengesellschaft. («Ein großer Kahn ist im Begriff, auf dem Kanale hier zu sein», zitierten lange schon vorher die Gebildeten.) Ganz Hollywood bebte in begreiflicher Aufregung, «Party für Kahn!» hieß die Tagesparole, selbst Charlie Chaplin mußte aus seinem Hinterhalt treten. Zu Kahns Gefolgschaft gehörte übrigens sein sehr smarter und entzückender junger englischer Dichter, *Beverley Nichols*, den die Londoner große Gesellschaft besonders verhätschelt, da er sie in Grenzen verhöhnt. Er ist das, was kein deutscher Literat sich leisten kann, ohne ein bißchen fatal und geschmacklos zu werden, nämlich «mondän», und schreibt Dinge, wie sie unsereins keinesfalls schreiben dürfte, die aber in ihrer Art so wundernett sind, daß wir sie zu übersetzen das Bedürfnis fühlten. Im Garten des Ambassador-Hotels verhandelten wir über seinen Roman «Crazy Pavements» – inzwischen heißt er «Verrückte Bande» und erscheint in naher Zeit.

Unsere Beziehungen zum «Heiseren» hatten sich derweilen rapid verfinstert, bei der Abreise ging es wieder hart auf hart. Ein ziemlich fremder Bankdirektor, den wir telephonisch herbeigebeten hatten, erschien, um die Situation vorläufig zu regeln, im letzten Moment, worauf der «Heisere» wieder achtungsvoll wurde und uns mit Segenswünschen entließ. Der Zug nach San Francisco freilich war schon fort, wir erreichten ihn an der nächsten Station mit dem Auto.

San Francisco erinnert an Marseille, manchmal auch an Neapel. Es hat die steilsten Straßen, die man jemals für möglich gehalten, vom Drahtseil gehalten klimmen die Trambahnwagen nach oben. Das gibt dem Bild der Stadt etwas beinahe Wildes; und viele großartig weite Ausblicke über Dächer und Hügel zum Meer. Dazu kommt jene wundervolle Atmosphäre von Ausfahrt und Aufbruch, die fast allen Hafenstädten eignet: Mischung der Rassen und Geruch fremder Völkerschaften. – Das Chinesenviertel etwa ist hier nicht, wie in New York, künstlich erhaltene Sehenswürdigkeit für die Fremden, sondern Element, Teil der Stadt. Stehst du überm Goldenen Tor, wo die Vorgebirge sich zum Stillen Ozean öffnen, so fühlst du dich wahrhaft an der Pforte zum Fernen Osten. –

An der Stanford University wirkt unser Freund Doktor *August Mahr* aus der Bergschule Hochwaldhausen; der hat, beinahe sechs Jahre sind's her, einige Monate lang uns im Englischen unterwiesen und mit uns Shakespeare gelesen, während wir und einige Kameraden mit unserer Problematik und unseren Streichen die Idylle des Vogelsbergs unsicher machten. Nun feierten wir Wiedersehen im achtzehnten Stockwerk eines Riesenhotels.

Wir besuchten ihn auch in Stanford, wo es fast so schön wie in Princeton ist, wir spazierten in den Palmenalleen, plauderten über Vergangenes und Zukünftiges, über Freie Schulgemeinde, amerikanische Colleges, Shakespeare und die jüngste deutsche Dichtung.

Abends besuchten wir einen sehr merkwürdigen jungen Mann.

Mister Gullivan ist ein Sonderling. Wunderschön ist das

Haus, welches er in San Francisco bewohnt, er hat es sich auch prachtvoll, aber spleenig eingerichtet. Zwei Komplexe sind es, unter denen er zu leiden hat – oder die ihn ergötzen –: er liebt auf dieser Welt hauptsächlich Segelschiffe und Neger.

Schon die Haustür ist mit Segelschiffen geschmückt, eines ist übers Portal in Stein gemeißelt, das andere, in Messing angefertigt, dient als Türklopfer. Drinnen ist alles schiffsgemäß eingerichtet, die Lampen haben die Form einer Jacht, auf schönen Bildern segeln große Boote ins Blau. Wo keine Schiffe hingemalt sind, kann man Neger entdecken, aus allen Ecken schauen dich ihre düster schmachtenden Gesichter an. Einen liebt er besonders, den jungen Sänger, der für seine melancholisch-sinnliche Stimme berühmt ist; sein Porträt hat auf Mister Gullivans Schreibtisch den Platz.

Mister Gullivan selbst hat eine rührende Stimme, eine ganz tiefe, wie die Stimmen seiner so geliebten schwarzen Freunde sind, aber mit einem noch traurigeren Zittern im Unterton. Er sitzt in seinem phantastischen Haus an der Orgel und singt deutsche Lieder oder die religiösen Gesänge der Neger, die ebenso fromm und viel geheimnisvoller als unsere kirchlichen Weisen sind.

Die Erinnerung an diesen Abend voll Schwermut und Sehnsucht nach fremden Dingen nehmen wir als letzten amerikanischen Eindruck mit auf unser Schiff, die «Präsident Monroe». Als allerletzter schob sich freilich der Taxichauffeur noch dazwischen, dem wir die Fahrt vom Hotel zum Hafen nicht bezahlen konnten, der sich fassungslos an den Doktor Mahr in Stanford verweisen ließ und dann endgültig an der Weltordnung zweifelte, als wir unsere First-Class-Tickets vorwiesen.

Wir haben während eines Aufenthalts von sechs Monaten diesen Kontinent dreimal durchquert; wir haben die großen und manche kleinen Städte gesehen; Bibliotheken, Schlachthäuser, Universitäten; Filmateliers, Krankenhäuser, Varietés; Gärtnereien, Nachtlokale, Kirchen; musikalische Salons, Sportpaläste, Cafeterias, Theater. Wir haben mit Schriftstellern, Abenteurern, Bankdirektoren, Malern, Studenten, Gesellschaftsdamen, Negern, Schauspielern, Professoren, Agenten, Schuhputzern, Journalisten – mehr oder minder intim – zu tun gehabt.

Vieles ist uns als bedenklich aufgefallen. Als einzige Erklärung und Entschuldigung für solch unangenehme Eindrücke kommt man immer wieder auf die Formel von der «Jugend des Landes».

Der *Haß auf Amerika* kann für einen Europäer etwas Aufrüttelndes haben (und das schadet uns nichts), er ist sogar produktiv machend, kommt er nur leidenschaftlich genug. Immer wenn uns Haß anpackt vor einer bestehenden Macht, gibt es einen ethischen Aufschwung. Das üppig gedeihende, aufreizend wohlhabende Amerika mit ganzem Herzen zu verabscheuen – und zwar aus Liebe für das zerrüttete alte Europa, wo man aber immer noch den Geist vermutet –, könnte eine anständige und positive Regung des Herzens sein. – Aber Bewunderung für das, was hier sich vorbereitet und im Werden ist, muß nicht auf Kosten unserer Liebe zu Europa gehen. Schöner wäre, wenn jede neue Liebe, die wir erfahren, unsere Liebe zu Europa reicher und schwerwiegender machte.

10

Wir haben es in Honolulu viel, viel besser, als uns zukommt. Wir wohnen nämlich im Niumalu-Hotel an der Waikikibucht. – (Welches Hotel hieß schöner? Welches lag an einem schöneren Meer?) Unser Bungalow, direkt am Wasser, besteht aus zwei Zimmern, die nur je ein Bett, eine Kommode, einen Korbstuhl, einen Wandschrank enthalten; leicht und elegant alles.

Aber der Garten, der Garten! Welche Vielfalt der Blumen, Palmen und Gebüsche! Es ist ein Wunder und ein Entzücken, was hier an roten Kelchen, weißen Sternen und lila Dolden gedeiht; an fächerig breiten Blättern, harten Kakteen, rötlich gemusterten Stauden. Am liebenswertesten sind die hohen Kokosnußpalmen, die ihren schlanken Stamm mit der leichten Krone nicht gerade halten können, sondern ihn mit adeliger Müdigkeit seitlich neigen. Aber am merkwürdigsten scheinen die Bäume, die ihre Äste wieder abwärts, in den Boden, wachsen lassen, so daß um den eigentlichen Urstamm herum ein undurchdringliches Geflecht von Holz entsteht. Dieses knäuelhaft wuchernde Gebilde nimmt oft eine sehr breite Fläche ein, über der flach das Blätterdach ruht. Es wirkt unedler als andere Bäume, da der Trieb nach oben ihm fehlt. Aber dafür ist es auf eine unausrottbare Art mit unzähligen Wurzeln dem Erdreich verbunden.

Die Sehenswürdigkeiten von Honolulu sind bald besichtigt. Die Rundfahrt um die Insel dauert etwa sechs Stunden im Auto. Es geht über Gebirge, dann am Meer entlang und an Zuckerrohrplantagen, Ananaspflanzungen vorbei. Dies Eiland war sicher noch wundervoller und phantastischer, als es wild, unbewohnt war; aber die klug und systematisch ausgebeutete Fruchtbarkeit ist auf eine andere, strengere Weise nicht weniger großartig.

Auf dem Paliberg, von dem ein sagenhafter Monarch einstmals seine Feinde zu stürzen pflegte, hat man den weitesten Blick: er geht über die ganze gegliederte Insel, über Hügel, Anpflanzungen, Palmenhaine, Gärten und Straßen zum Meer.

Dann jenes Aquarium, von dem alle erzählen und das mit Recht als einzigartig gilt.

Dann jene Ananasfabrik, von der man noch nicht soviel hat sprechen hören, und es ist doch die größte der Welt. Eigentlich ist es ja abscheulich, auf einer Südseeinsel Fabriken zu besichtigen, man tut es mit einem Stachel im Herzen. Aber so ist unsere Zeit; und man wird das Gefühl nicht los: vielleicht ist dieses die einzige *echte*, einzige *nicht* zurechtgemachte Sehenswürdigkeit der Insel. Es ist heute schon schwer, unsere Zivilisation zu fliehen, morgen wird es ganz unmöglich sein.

Als System und Organismus ist eine solche Fabrik wundervoll. Hier werden bei guter Saison täglich *zweieinhalb Millionen* Ananasfrüchte zugerichtet und verpackt. Sie werden mechanisch geschält, zerschnitten, gesäubert, sortiert und in Büchsen gefüllt, die Büchsen in Kisten, die ihrerseits mechanisch zusammengenagelt, mit Draht umwunden und in Züge verpackt werden. Faszinierend zu sehen, was alles an Vorrichtungen und mechanischen Tricks angewendet wird, bis aus den rauhen und schmutzigen Früchten die appetitlich versendbaren Scheiben in Packungen entstehen.

Man bewundert; und dann ärgert man sich wieder. Schweinerei, sich in diesem Palmenparadies mit Fabriken beschäftigen zu müssen. Aber dafür leben wir im interessantesten Jahrhundert der Weltgeschichte; denn welches andere könnte es mit dem zwanzigsten aufnehmen?! *Wir haben uns mit der Zivilisation abzufinden*; das ist ein moralisches Postulat.

Haß, zugegebenen ehrlichen Haß gegen die Zivilisation, spürt man nur dann, wenn man Soldaten sieht! Dieses friedliche und schöne Eiland ist scharf mit amerikanischen Truppen besetzt, wahrscheinlich als vorderster Schutzwall gegen Japan gemeint. Schießübungen stören gemein knatternd die Stille, mit Soldaten beladene Lastautos dröhnen vorbei; überall gibt es Übungsplätze, Kanonen, Baracken.

Mit Fabriken haben wir uns abzufinden; mit Kanonen nicht.

Mit Kanonen nicht!!

Das richtige Hawaiiertum aufzufinden ist nicht ganz leicht. Was sich aufdrängt, ist jene Volkstümlichkeit, die auf Hotelterrassen sich produziert, eine bezahlte Naivität, die Amerikaner mögen das gern. Die braunen Familien, in die wir Einblick gewannen, hatten alle schon einen störenden Knacks, was sich zum Beispiel darin zeigte, daß sie uns überhaupt Einblick gewinnen *ließen*. Das Echte, Ursprüngliche war wohl noch spürbar, aber mit Unechtem immer vermischt, oder auf unechte Art vorgeführt, für uns, für die Fremden.

Die schönsten und reinsten Eindrücke hat man auf der Straße oder am Badestrand. Die wesentlichsten Bestandteile des Volkes scheinen: Kinder, Schwimmer und alte Leute. Wir hatten noch nirgends so viel geniale und hinreißende Kinder gesehen. Sie lachen so freudig, spielen so ausdrucksvoll, wie es unsere Kinder gar nicht mehr können. – Aber das Schönste, was die Insel aufzuweisen hat, sind die Körper ihrer jungen Burschen. Diese Kerle sind als Schwimmer zur Welt gekommen, springen mit Saltomortale aus erschreckender Höhe, schießen wie Fische unterm Wasser dahin. Ihre herzerquickende Bekanntschaft macht man gleich bei der Ankunft: sie tauchen im schmutzigen Hafenwasser nach den Münzen, die du ihnen zuwirfst. – Nirgends sind vollkommenere Menschen zu sehen; sie sind mehr als schön, sie sind glücklich, *denn sie fühlen sich vollendet in ihrer Art*. Deshalb ist ihnen zuzuschauen beglückend; sie haben einen strahlenden Körper, eine unwissende Stirne und einen seligen Blick. – Sie sind, das ist richtig, *andere* Wesen als wir, es fragt sich nur, ob von höherer oder tieferer Art. Man überlegt sich angesichts eines solchen dunkelbraunen, plätschernden, jubelnden Altersgenossen, ob man der Höherentwickelte oder der Entartete sei. Er ist, als Körpermensch nämlich, unübertrefflich; wir, als vergeistigte Körpermenschen, durchaus nicht. Unser Ideal, nennen wir es Kalokagathia, ist noch lange nicht erreicht. Er, unser Freund, kann so, wie er ist, bleiben. Wir sind unfertig, können unter keinen Umständen so bleiben; wir sind Übergangstypen der Menschheit. Vergleichen wir uns also mit ihm, dem Schönhäutigen, müssen wir wohl oder übel feststellen, daß wir heute die Entarteten sind. (Allerdings bleibt zu bemerken, daß, werden wir erst einmal vollendet sein, das Resultat noch viel köstlicher aussehen wird als er, unser Schwimmkünstler, heute. Aber diesen Triumph erleben nicht *wir*; uns gehört immerhin das Bewußtsein, daß unser Typ ihn zu erleben bestimmt ist.)

Die alten Frauen, um zu ihnen überzugehen, haben bedeutende und ruhige, maskenhaft harte Gesichter mit lustigen Augen, sie hocken da wie Indianerhäuptlinge und erzählen von den Königsgeschlechtern, die einstmals auf der Insel geherrscht haben.

Kinder, Schwimmer, alte Frauen sind das Schönste, was Hawaii uns bietet.

Wir haben aber auch ein «echt hawaiianisches» Gastmahl mitgemacht, etwa fünfundzwanzig Amerikaner waren dabei, und der Eintritt kostete fünf Dollar; davon geht ein Dollar an den Hotelportier ab, der's vermittelt hat. – Das psychologische Kuriosum bei einem solchen «Gastmahl» ist die innere und äußere Haltung der Wirte. Echte Gastfreundschaft und naive Gewinnsucht gehen eine wunderliche Hochzeit miteinander ein. Einerseits ist man sich durchaus darüber klar: hier gibt es dumme Amerikaner zu neppen, andererseits bewahrt man sich die schöne und natürliche Geste des großartig Einladenden, feierlich Bewirtenden. Diese Leute *vergessen* tatsächlich, daß sie für beinahe nichts fünf Dollar verlangt haben, und bitten die frech Ausgenutzten mit so herzbezwingender Fröhlichkeit zum geschmückten Tisch, als veranstalteten sie, nach alter Sitte, wirklich für die Fremden ein Empfangs- und Ehrenfest.

Unsere «hostess» heißt Mrs. Wolters, sie ist ziemlich stattlich, ziemlich bejahrt und, bei Licht besehen, ein faszinierender Anblick. Zum feierlichen Anlaß trägt sie Gelb und Schwarz – es sind die Farben des einstmals regierenden Hauses gewesen –: schwarzes Seidenkleid mit Schleppe, anmutig matronenhaft kombiniert, dazu schwarzgelben Sammethut und gelbe Handschuhe. Mrs. Wolters mit Brille und tiefer Stimme gehört dem Damentyp an, der einem wohlgefallen muß: herzerquickend und vertrauenerweckend. Ihr Gemahl, Mr. Wolters, wirkt leider frömmlerisch, er hat so etwas Tartüffehaftes, man weiß nicht, woran es liegt. Wenn negerhaft aussehende Herren – und Mr. Wolters sieht recht negerhaft aus, obwohl er eigentlich Hawaiianer ist – Augengläser tragen und sich sehr gütig, gesetzt, fast salbungsvoll benehmen, wirkt das eben leicht heuchlerisch. –

Als Anfang gab es einen kräftigen Schnaps, den man als Nichtkenner für edlen alten Cognac gehalten hätte, der aber aus den dicken Blättern eines segensreichen Baumes gewonnen ist. Danach muß man der Zeremonie mit dem Schwein beiwohnen. Den Schweinebraten nämlich ißt man hier nicht wie anderswo zubereitet, sondern folgendermaßen: das ganze Tierchen wird etwa zwölf Stunden, ehe es verzehrt werden soll, in obenerwähnte dicke Blätter gepackt und in einer Grube auf glühende Steine gelegt. Darüber breitet man, um die Wärme zu hüten, Säcke, und zwar sehr viel Säcke, bis hinauf zum Rande der Grube. So ruht das Schwein, bis zur feierlichen Stunde, da, im Beisein der Amerikaner, die Säcke Stück für Stück gehoben werden und das Blätterwerk sichtbar wird. Andächtig zum Halbkreis gruppiert betrachten die Eingeladenen den Vorgang, es stinkt etwas, wie soll man's nennen – brandig, faulig, zweifelhaft, aber man läßt sich's nicht anfechten, es gehört zur Romantik. Indessen behauptet Mrs. Wolters mit Hartnäckigkeit: *nie* hätten ihre Ahnen anders zubereiteten Schweinebraten angerührt, und so sei es halt althawaiianischer Brauch. Und den reichen Amerikanern bereitet es Wohlbehagen, dasselbe wie Mrs. Wolters' Ahnen zu speisen.

Der eigentliche Trick des Mahles besteht darin, daß man alles mit den Händen essen muß: kein Messer, keine Gabel, nicht das allerkleinste Löffelchen (althawaiianischer Brauch). Es gibt: einen grünlichen Brei, der denn doch zu verdächtig aussieht, Hühnerfleisch in einer Kräutersauce, das berühmte Schweinebrätlein (schmeckt, leider, so ähnlich, wie es gerochen hat), süße Kartoffeln und aus Kokosnüssen eine Art Flammeri. (Alles mit den Händen zu fressen! Und im Hotel hätten wir ein ausgezeichnetes Dinner gehabt!) Das einzig Nette ist eine dicke Scheibe frischer Ananas. (Aber Ananas ist hier ebensosehr Volksnahrungsmittel, wie's die Austern in New York waren, wie's der Kaviar in Moskau sein wird.) – Nachdem der Gaumen genossen hat – so war es doch wohl von altersher –, will auch das Auge sich delektieren. Nach leckerer Mahlzeit Tanz und Gesang. (Von altersher so gewesen.)

Es wird der bessere Teil der Veranstaltung. Die Mädchen sind weder sehr jung noch sehr hübsch, aber es ist ihnen ein sympathischer Ernst eigen, ein oft ergreifendes Bei-der-Sache-Sein. Was sie uns zeigen, sind weniger Tänze in unserem Sinne – keine freie Biegung des Körpers, kein Schwung –, sondern rhythmische Illustration zu allerlei ausführlichen, episch breiten Balladen, die im Leiertone vorgetragen werden. Was an Ruhmestaten und nationalen Abenteuern erzählt wird, begleiten die Tänzerinnen mit kindlich pantomimischen Gebärden, mit Schritten, Armheben, Bücken und Kopfschütteln. Am faszinierendsten ist dabei die Balladenvorträgerin, eine jener Greisinnen mit den lustigen Augen; ehrfurchtgebietend ist alles an ihr: die alte, weise und zerfurchte Stirne, die braunen, runzligen Hände, die im Takte auf ein bauchiges Gefäß schlagen, ihr Kopf, der so viel Mären und Geschichten aufbewahrt, ihre rauhe, tiefe, manchmal vogelhaft krächzende Stimme.

Die Tänze werden bald ein bißchen kecker, man geht zu

den modernen über, und nun gibt es großes Bauch- und Hinterteilgeschüttel. Die alten Herren fangen an zu schmunzeln, die Studenten furchtbar laut zu lachen, auch die Damen haben ihren Spaß. – Als letzter Clou tanzt Mrs. Wolters selbst. Sie ist ein Liebling am Hofe der letzten Regentin gewesen, wie verkündigt wird. Sie versteht, wenngleich sie nur schwerfällig trippelt, immer noch ihre Sache, man merkt es, daß sie eine bessere und durchdachtere Technik hat als die Jungen. Wie sie hinter Brillengläsern kokettiert, die matronenhafte Schleppe hebt, hat sie etwas Schauerliches. Aber es ergötzt sie, wie eine alte Hofdame das Menuett. Und da man ihr nachher Komplimente über ihre Grazie macht, lächelt sie so selig wie ein Kind. Die wir ein paar Minuten vorher für eine gierige und groteske Alte angesehen, ist mit einem Male ein rührender Mensch.

Wilder und bewegter sind die Tänze der Samoaner. Mit ihnen wurden wir bekannt durch die Vermittlung der *Madame Rivière*, die in Honolulu mit zehn Knaben aus Samoa haust.

Sie gehört zu den wenigen Frauen, über die wirklich ein Roman zu schreiben wäre. Tochter einer konservativen französischen Offiziersfamilie, wurde sie im militärisch-katholischen Institut erzogen, wo es feierlich und unbarmherzig herging. Das reizte, spannte und erregte sie so sehr, daß sogar die Pariser Bohème ihren Bedürfnissen nicht mehr entsprach und sie sich nach Tahiti zurückzog. Sie lebte dort und in Samoa einige Jahre, bis sie sich entschloß, eine Truppe zusammenzustellen, mit der gemeinsam sie heute ein kahles Haus inmitten von Honolulu bewohnt und mit der sie nächstens in Europa und Amerika gastieren wird.

Die Aussichten, die sie hat, sind vorzüglich, denn ihr Programm ist klug und abwechslungsreich zusammengestellt. Ihre Truppe besteht aus sehr sympathischen und wohltrainierten Burschen, die im schwierigen Schwerttanz brillieren, melancholisch singen und innerhalb eineinhalb Minuten aus Palmenblättern einen Korb flechten können. Unter ihnen ist ein großes Talent und ein kleines Genie. Das große Talent heißt *Fui-Fui* und sieht aus wie Ernst Deutsch, nur etwas grotesker; er macht leidenschaftliche Sprünge und die kühnsten Grimassen und ist überhaupt ein tänzerisches Komödiantentalent ersten Ranges.

Das Genie heißt Louiza und ist elf Jahre alt. Von diesem schönen und erstaunlichen Geschöpf wird man, wenn es mit rechten Dingen zugeht, in New York, Berlin und Paris bald ungewöhnlich viel sprechen. Sie tanzt nicht nur die Nationaltänze der Hawaiianer, Samoaner und Philippinos so reizend wie keine andere, ihr Instinkt beherrscht den Stil unserer Music-Hall bis ins kleinste; ebenso verblüffend wie in der naiv erotischen «Hula»-Darbietung ist sie in amerikanischen Tanzchansons. Sie ist das, was Josephine Baker sein möchte. Und dabei elfjährig mit unvergleichlich anmutigen, braunen kleinen Händen, an denen die Fingernägel ganz hell sind; mit einem ebenso braunen Gesichtchen, das nach unten etwas breiter wird und wie bei einem Kätzchen beherrscht ist von ganz großen, ganz dunklen Augen.

Mit Louiza und den Samoaner Jungen hatten wir besonders viel Freude. Wir luden sie zum Mittagessen ins Niumalu-Hotel ein, so daß sich alle Amerikanerinnen entsetzten; wir begleiteten sie, wenn sie auftreten mußten, einmal sogar, als sie zum Vergnügen der amerikanischen Garnison bei einem Kasernenfest tanzten. Die Offiziere meinten, daß wir auch zur Truppe gehörten, und behandelten uns etwas verächtlich.

Wir lehrten die fremden Kinder deutsche Volkslieder singen, eines vor allem, das wir selbst ersonnen und komponiert hatten und das wir, privater Gründe wegen, manchmal vor uns hinzusummen pflegten. Es bezog sich auf einen unserer europäischen Freunde und lautete: «Erich Ebermayer – Erich Ebermayer reist zwar ziemlich viel, doch immer nur kurze Strecken –», was kanonisch vorzutragen ist in der Art, daß einer, langsam vorbereitend, mit dem Namen beginnt, der andere in flottem Tempo einfällt.

Wir unterrichteten die lernbegierigen Braunen, daß dieses die deutsche Nationalhymne sei, worauf sie sich, sie zu lernen, alle erdenkliche Mühe gaben. Sie holten ihre Instrumente herbei, studierten einzeln oder im Chor, mit ganz ernster Miene. Zuletzt ging es schon ganz manierlich, wenngleich der Name «Ebermayer» ihnen große Mühsal bereitete. «Eris Ebamaya –», besser konnten sie's nicht.

Wird das ein Spaß, wenn der Axel Eggebrecht mal nach Honolulu reist und bekommt gleich was von Erich Ebermayer und seinen Lustpartien zu hören!

Wir blieben vierzehn Tage in Honolulu, es waren die sonnendurchwärmtesten, idyllischsten und sanftesten Tage dieser Reise. Wir schwammen in der Waikikibucht, wir spielten mit den Kindern und einem Hund, der «big boy» hieß. Würze und Pikanterie ins Leben brachte die Freundschaft mit der eigenartigen Madame Rivière, die uns mehr und mehr an Asta Nielsen erinnerte. – Mit ihr zusammen besuchten wir nachts die Kaschemmen des Hafenviertels, wo sie bestens eingeführt war; wo es nichts Europäisch-Amerikanisches gibt, sondern nur Philippinos, Neger und Chinesen, die den fleißigen kleinen Mädchen fünf Cent zahlen müssen für jeden Tanz.

So gut darf man es auf die Dauer nicht haben, keine Frage, daß es sündhaft ist: nur blaues, sonnendurchwärmtes Wasser, geneigte Kokosnußpalmen, rote Blütenbüsche, braune Lieblinge und eine französische Freundin. – Eines Tages mußten wir unsere Kabinen in der «President Wilson» beziehen.

Nun kommen vierzehn gleichfalls sehr idyllische, aber

etwas langweiligere Tage. Man ist wieder einmal Mitglied einer stattlichen amerikanischen Familie, volle zwei Wochen lang. Gediegenes Essen, leichte Seekrankheit, fliegende Fische, riesenhafte Sonnenuntergänge, schwarzes Geschaukel der Nacht. Trost ist ein Grammophon – und wir sind für die «Fülle des Wohllauts» in unserer Wassereinöde ebenso dankbar wie Hans Castorp in seiner gebirgigen –; so spielen wir alles, was der Plattenvorrat bietet, von Händel über Wagner bis zu «Just a Memory» und Strawinsky.

Trost sind gute Lektüre und Arbeit.

Und die tiefsinnigen Gedanken und Überlegungen, die vom Meere kommen, dessen Anblick feierlich ist und an den Tod erinnert.

II

Täglich hatten wir gesagt: «Aber so nahe wie heute waren wir noch nie an Japan –»; eines Morgens die silbrig zarte Küste, um uns herum Fischerbarken mit hübschen, fremd geformten Segeln.

Die Rikschamänner sind der erste asiatische Eindruck; zunächst berührt es abscheulich, den Menschen zum Zugtier erniedrigt zu sehen, es geht gegen alle europäischen Instinkte. Später macht man sich klar, daß für den Trainierten diese Arbeit nicht peinlicher ist als eine andere – und daß in unserem höchst humanen Staat Menschen, um ihr Brot zu verdienen, noch tiefer und gründlicher sich erniedrigen müssen. So läßt man sich – trapp, trapp, trapp – ins Hotel ziehen.

In Kobe ganz kurzer Aufenthalt, erstes Zusammentreffen mit der deutsch-japanischen Kolonie. Beim Generalkonsul Orth trinken wir Reiswein, noch dazu aus Täßchen, die pfeifen, wenn man sie an den Mund setzt. Dann gibt es dort auch einen Augsburger Greis, der sich, zweiundsiebzig Jahre alt und jünglingsfrisch, aufgemacht hat, den Fernen Osten zu sehen, und das Ehepaar Bischof, Familienfreunde aus München, da spricht man über Gustl Waldau, den Prinzregenten, und lacht.

Am nächsten Tag nach Tokio.

Hier finden wir *alle* Nachteile der modernen Stadt, ohne deren Grandioses zu haben. So schön, wie es wahrscheinlich früher war, wird es wohl nie wieder werden; und bis es so schön ist, wie Chikago heute, dauert es lange, lange.

Man darf den September 1923 niemals vergessen, wenn man in den Straßen von Tokio wandert, sonst wird man fassungslos über die absurde Häßlichkeit. Damals geschah die letzte, unausdenkbar fürchterliche Erdbebenkatastrophe. Die Gesamtzahl der Toten war amtlich auf einhundertvierundsiebzigtausend taxiert. Solche, die es mitgemacht haben, erzählen Einzelheiten, daß die Haare einem zu Berge stehen. So was hört man sich an, aber man glaubt es doch nicht, im Grunde. Die menschliche Vorstellungsgabe ist erschreckend begrenzt.

Wir dürfen mitreden, haben selber Erdbeben erlebt, und zwar viele kleine, aber auch ein recht starkes, das stärkste seit langer Zeit: es ist ein ganz *abscheuliches* Gefühl. Man möchte die Erfahrung nicht missen, aber noch mal machen möchte man sie auch nicht. Herzbeklemmungen stellen sich ein und die fatalsten Angstzustände; so sehr hat man sich nicht einmal als Kind gefürchtet, wenn es Gewitter gab. Kleiner Vorgeschmack des Weltuntergangs. Was ist man in Gottes Hand? Gewürm, Dreck, Gelichter. Die Erde wakkelt, und unsere Herrlichkeit ist dahin – –

Unvergeßlich grausige Situation: es ist nachts zwei, Hunde heulen und die Sirenen dazu, im Hotel ist schon Panik zu spüren. Was für infame Geräusche, Knistern, Krachen und Zittern. Es gibt einen Riß in der Wand. Kleiner Vorgeschmack des Weltuntergangs; lieber nicht noch mal! –

Natürlich darf man den bedauerlichen Eindruck, den Tokio macht, nicht *nur* aus der äußerlichen Katastrophe erklären. Der Zustand dieser Metropole charakterisiert vielmehr den Zustand des Volkes: sein Schwanken und Taumeln zwischen Ost und West, zwischen Buddhismus und Amerikanismus; sein strenges Festhalten am Konservativen und sein ehrgeiziges Kokettieren mit dem radikal Neuen. So erklärt sich das abstoßend Zwittrige und Stillose, was der Stadt eignet: niedrige asiatische Häuschen, plötzlich ein Wolkenkratzer dazwischen; Männer im Kimono, aber mit Regenschirm und mit amerikanischem Strohhut.

Was hier faszinierend wirkt, ist allein der ungeheure Wille zum Aufbau. Dieses ganze ausgedehnte Zweimillionenmonstrum gleicht *einem* Bauplatz. Gerüst neben Gerüst, mit einer Zähigkeit ohnegleichen wird alles, was die Natur in einer Viertelstunde umgestoßen hat, *nun gerade, jetzt eben zum Trotz*, in jahrzehntelanger Arbeit wiederhergestellt. In dieser Wüstenei von Neubauten, Gerümpel und Schmutz bleiben ein paar Sehenswürdigkeiten.

Als da sind: die weltberühmten Gärten und die Parkanlagen. Zunächst gibt es sogar da eine kleine Enttäuschung. Der Shiba-Park ist reichlich verwildert, da macht der Berliner Tiergarten einen viel angenehmeren Eindruck. Der Park in der Nähe des Kaiserpalastes hat hübsche Brunnen und seltene Büsche, auch weiße Pfauen, die phantastische Räder schlagen, um ihren Weibchen zu gefallen, die vibrieren und zittern und deshalb von Claudel besungen worden sind; aber ihretwegen brauchte man nicht die große Seereise zu tun. Der Asakusa-Park ist mehr so eine Art Prater mit Karussells, Fahnen und bunten Bildern. – Der einzig wirklich schöne ist der *Meiji-Park*, dem Andenken des vorvorigen Kaisers gewidmet; mit edlen, ausgewählten, vornehm gruppierten Laubbäumen; mit breiten, ruhig-würdigen Promenaden; mit dem enthaltsamen und strengen Shinto-Tempel und den einfachen Torbögen –

den Torii –, die stets den Eingang zu einem Heiligtum markieren, das Himmelszeichen darstellend, hier, vor dem Shinto-Hause, aus schlichtem Holz, vor manchem buddhistischen Heiligtum aus lackiertem roten; – mit berechneten Durchblicken, Perspektiven zwischen Baumgruppen, zu Brücken, Brunnen und zu anderen Bäumen.

Weitere Sehenswürdigkeit: *das Kaiserschloß.* Das heißt, wir wollen nicht übertreiben: die Mauer und das dunkle Gewässer *ums* Kaiserschloß, denn der Eintritt zu den Bezirken, wo der Sohn des Himmels haust, ist gemeinen Sterblichen verwehrt. Die Mauer also, aus finsteren Quadern gefügt, hat etwas Majestätisches, mit Kiefern, die sich zum Wasser krümmen.

Wenn Seine Kaiserliche Majestät spazierenfahren, muß heute noch jeder Untertan das Gesicht wegwenden, denn schon das Göttliche anzuschauen heißt Frevel. Solche religiös altertümlichen Bräuche werden heute allerdings mit berechnender Schlauheit benützt. In Japan herrscht eine hysterische Kommunistenangst, an jeder Ecke wittert man den gedungenen Mördersmann. Mit Todesfurcht sieht man die rote Sintflut über das schon teilweise ergriffene China sich dem Reiche des Sonnenaufgangs nähern.

Bis zu welchem Grade die Sowjetleute in Japan ihre Propaganda treiben, ist nicht ganz feststellbar. Über den Begriff des Bolschewismus scheint hierzulande noch eine ziemliche Konfusion zu herrschen. Mit einer gewissen Panik wird verhaftet und angeklagt; vor allem die radikal-intellektuelle Jugend, die Studenten, stehen schwer im Verdacht. Dabei wird zwischen Sozialisten und Kommunisten nicht viel unterschieden: jeder, der am Alten Kritik übt, bereitet die rote Katastrophe mit vor. (Über eine so gesinnungstüchtige Studentenschaft wie wir verfügen nicht alle Länder.)

Es hat also nicht *nur* religiöse Gründe, wenn der Kaiser die Blicke seiner Untertanen meidet. –

Wir besuchen eine Ausstellung moderner Japaner, eine ganz große, im Ueno-Park. Interessant zu sehen, wie vollkommen der künstlerische Nachwuchs dieses Landes sich unter europäischen – das heißt in diesem Falle: unter französischen – Einfluß begibt. Diese Exhibition bot viel Mittelmäßiges, wenig Schlechtes; viel kultiviert Feinsinniges; Hervorragendes – beinahe nichts. In Paris hätte sie keinerlei Aufsehen gemacht. Überraschend und reizvoll sind nur ein paar Landschaften, die den klassisch-japanischen Stil mit den Tendenzen unserer «neuen Sachlichkeit» sehr glücklich vermischen. Das zugleich Zarte und Deutliche, das der japanischen Auffassungsweise eignet, dieses Hauchhafte und höchst Präzise, erinnert oft an die nachexpressionistischen Bemühungen einiger unserer Maler.

Aufschlußreicher als die teils recht unselbständigen Bilder sind die Beschauer, die alle wie Sachverständige wirken. Überraschend ist schon, daß dieses Publikum sich ausschließlich aus Eingeborenen zusammensetzt, nicht aus Fremden. Und mit wieviel Andacht und Sorgfalt sie jedes einzelne Bild prüfen! Sie neigen sich ganz nahe hin, um das Detail zu studieren; am liebsten täten sie's mit der Lupe. – Uns beweist sich, was wir schon lange bemerkt haben: daß nämlich die Japaner mit den Franzosen sich der höchstentwickelten ästhetischen Kultur rühmen dürfen. –

Sieht man am selben Tage Holzschnittblätter aus den letzten drei Jahrhunderten, wird einem deutlich, daß die bildende Kunst der Japaner sich im Zustande der Entartung befindet. Wie meisterlich und entzückend hatte sie sich, ohne allen europäischen Einfluß, entwickelt! Wie lebendig und liebenswürdig, wie zart und wie scharf, wie witzig und tiefsinnig sind einige dieser Stücke! Und ein einziges, besonders schön geglücktes: für das Verständnis Japans wieviel wesentlicher als die ganze Ausstellung im Ueno-Park.

Man tröstet sich, indem man Ausflüge macht, über die Häßlichkeit Tokios.

Nikko liegt, wir dürfen nicht voraussetzen, daß man das überall weiß, vier Stunden Eisenbahnfahrt von der Hauptstadt entfernt. «Gebrauche das Wort ‹herrlich› nicht, ehe du Nikko gesehen!» warnt der japanische Volksmund. – Eingedenk dieses Wortes ließen wir uns um sechs Uhr früh wekken.

Daß wir zu einem nationalen Wallfahrtsort fuhren, bewies sich dadurch, daß beispiellos viele Schulkinder mit uns aufgebrochen waren, das Heiligtum zu besichtigen. Es ist nun etwas Sonderbares um die japanischen Schulkinder. Sie sind so militaristisch hergerichtet, daß unserem anspruchsvollsten Oberlehrer sich vor Freude das starre Herz rühren müßte; sie sind häßlich wie kleine Unholde, die Knaben sowohl als die Mädchen, mit großen Köpfen und mit kurzen Beinen. Die Mädchen tragen das Haar zu schwarz geölten Rattenschwänzen frisiert und blaue Kleider von dürftigster Machart; die Jungen graue Uniformen mit goldenen Knöpfen, es sieht wirklich sehr scheußlich aus.

Während sie mit ihrer geheimnisvollen Sprache um uns herumtosten, amüsierten wir uns mit unserem Ausflugskameraden, dem Alexander Röchling, der aus Indien kam. Es ist natürlich unpassend, auf der Fahrt zu buddhistischen Heiligtümern über André Germain zu scherzen, aber wir ertappten uns doch dabei, und bei anderen Stillosigkeiten.

«Und hörst du auch fremde Länder und Kontinente erklingen,
Du kannst ja gar nicht aus deinem Kreise springen!»

Wie dichtete neulich so besonders hübsch Tucholsky-Tiger? «Es spielt sich *alles* unter zweihundert Menschen ab.»

Es ist der Kryptomerienbaum, der die Landschaft von Nikko majestätisch beherrscht, eine erhabene und riesenhafte Mischung aus Zypresse und Tanne mit einem glatten, geraden und erstaunlich hohen Stamm. – Nikko liegt wesentlich höher als Tokio, es hat die erfrischende und harte Luft des Gebirgsortes. Hinter dem Dorf und den Tempeln geht es felsig zur Höhe.

Die Heiligtümer, Mausoleen und Schreine sind in einem üppigen Stil gebaut, einer Art japanischem Barock: roter Lack, Gold und Blau, strotzende Schnitzerei, Vögel, Elefanten und Affen. Das wuchert und blüht verschwenderisch aus allen Ecken und über den Türen, alles hat eine Bedeutung, alles ist symbolisch geweiht: diese Glöckchen sollen gute Geister herbeiklingeln, diese abschreckenden Figuren die bösen verscheuchen. – Es gibt zwei Komplexe von Tempeln, Pagoden und Andachtsstätten, beide sind terrassenförmig angelegt und werden vom Mausoleum gekrönt. Diese sind – so fanden wir's aufgezeichnet – dem Jyeyasu und seiner Familie geweiht, dem mächtigen Begründer der Tokugawa-Dynastie, von dessen Schalten und Walten mancher Historiker viel Rühmliches weiß. Denn jenes Tokugawa-Geschlecht war es, das lange und glänzende Zeitabschnitte hindurch das Land an Stelle der verspielten Schattenkaiser lenkte und zu großer Macht führte, etwa wie viele unserer Hausmeier es im Mittelalter getrieben haben. –

Es finden sich in Nikko auch heilige Brunnen, allerlei Stätten, wo Reliquien aufbewahrt werden, und sogar ein Pferdestall, in dem ein heiliges Pferd wohnt, welches etwas trübsinnig scheint, obwohl die Frommen es mit Leckereien füttern. Seine Vorfahren haben den Buddhismus oder dessen ersten Verkünder in die Gegend getragen; aber daran kann sich unser Pferd nicht mehr erinnern, und so weiß es nicht, warum man es ehrt.

Der unvergeßlich große Reiz der Heiligtümer von Nikko besteht in der wundervollen Kombination von Gebäude und Baum. Nirgends findet man Tempel und Türme so schön wie hier in eine Landschaft gefügt. So ist der Gesamteindruck des

Ortes ein großer, wenngleich die Einzelheiten des Tempels nicht sehr edel und nicht sehr typisch asiatisch sind. Denn der Geist des Buddhismus verachtet die Äußerlichkeit, während das blühende Barock von Nikko in der Äußerlichkeit schwelgt. –

Nach dem Mittagessen fahren wir mit dem Auto zum Chuzenjisee hinauf, wo verschiedene wohlsituierte Herrschaften aus Tokio Landhäuser haben. Der See liegt auf dem Gipfel eines hohen Berges, und zwar ohne Frage sehr malerisch, nur konnten wir es nicht recht beurteilen, denn es war so neblig, daß man die Hand vor den Augen nicht sah. Die Straße führt in gefährlichen Serpentinen hinan, wir litten Todesangst, da einerseits der Nebel den Abgrund versteckte, andererseits die unvermeidlichen Schulkinder zu Hunderten die Straße verstopften.

Im Zuge, bei der Nachhausefahrt, hatten wir auch noch einiges zu bestehen. Nachdem wir uns ein paar Minuten im gedämpften Plauderton über unsere Eindrücke besprochen hatten, trat ein kleiner, alter Japaner an uns heran, europäisch gekleidet und vom sanften, gelehrten Typ; er fragte uns sehr wohlgesetzt und höflich, ob er etwas Deutsch mit uns reden dürfe. Wir fanden ihn, als er sich zu uns setzte, gleich überaus drollig und liebenswert, nur reizte er uns durch seine sorgfältige und wunderliche Diktion und durch seine schlaue, runzlig und sorgenvoll vornehme kleine Miene so unwiderstehlich zum Lachen, daß es häufig fast zur Katastrophe kam. Ihm war eine überwältigende Art eigen, Worte gerade ein *bißchen* falsch anzuwenden; als wir ihm etwa unsere herrschaftlichen Zigaretten anboten, die gerade vorher so besonders teuer erstandenen, mit dem Silbermundstück die, äußerte er sich bedenklich und feinsinnig: «Nein, die schmecken mir gar nicht; sie sind wahrscheinlich aus Abfällen gemacht.» Wie schwierig ist es da, Fassung zu wahren. Zudem hatte er eine humoristische goldene Brille und wunderlich kurze Beinchen. Sanft und rechthaberisch bestand er darauf, an der «Ecke Tiergarten» gäbe es in Berlin ein so besonders gutes und stattliches Restaurant; oder er erzählte uns einfach: «In der Potsdamer Straße dreißig finden Sie einen Doktor Müller; dieser spricht ausgezeichnet Japanisch.»

Obwohl er merken mußte, daß wir kicherten, blieb er von überlegener Artigkeit, er empfand wohl, daß unsere Belustigung durchaus liebevoller Natur war. Er schien uns alle Drolligkeit Japans zu personifizieren, alles Verschnörkelte und Schwierig-Witzige. Wir mochten ihn aufrichtig gern. Zum Abschied schenkte er uns einen Fächer, sehr anmutig mit Silberfischen bemalt, auf den er in kindlichen Buchstaben geschrieben hatte: «Als ein kleines Zeichen zum Ausdruck von unserer Dankbarkeit für unvergißbaren Deutschland, wo ich sonst studirt habe.» – So lieb und spaßhaft war dieser kleine Gelehrte.

Große Eindrücke vom japanischen Theater hatten wir schon am ersten Tage unseres Aufenthaltes, als wir von Kobe aus in die enorme Handelsstadt Osaka fuhren; wir sahen damals die Tanzdarbietung der *Naniwa Odori* und die hochberühmten Puppenspiele.

Die Naniwa Odori entspricht etwa unserer Revue; aber wir beleidigten sie, wollten wir sie mit den Ausstattungsmonstren unserer Kapitalen vergleichen. Wenn sich diese Geishapantomimen als «Dance classic» anzeigen, sind sie allerdings nicht ganz aufrichtig; moderne Einflüsse sind zu spüren, aber mit solchem Taktgefühl verwertet, daß nicht eine Sekunde lang der Stil des Ganzen durchbrochen wird.

Wir haben festzustellen, daß sich in *ganz* Europa – die Komödie am Kurfürstendamm inklusive – kein so bis ins winzige Detail befriedigendes Theater findet wie dieses kleine, unberühmte Haus in Osaka. Es ist länglich und niedrig, mit leicht ansteigendem Parkett, ohne Balkon; Stühle gibt es nicht, man hockt auf dem Teppich, jede Arabeske ist von einer gemäßigten und ruhigen Zierlichkeit, kein Vorsprung, kein Lämpchen zu viel, und es stört keine Farbe. Das Haus ist bis auf den letzten Platz mit Japanern gefüllt, es gibt täglich vier Vorstellungen. *Das Theater ist hier eine Volksbelustigung.*

Zuerst öffnen sich die seitlichen Vorhänge, in den Nischen sitzen nebeneinander zierliche steife Kunstfiguren, die Musikantinnen. Ihre monotone Musik – zwei Flöten, Trommeln, mit der flachen Hand zu schlagen, langstielige Saiteninstrumente, mit beinernen Plättchen zu greifen – und ihr leiernder Sprechgesang, der sich manchmal zu schrillen Angst- oder Freudenrufen steigert, werden die Pantomimen begleiten und sie erläutern.

Es bedarf eigentlich keiner Erläuterung, die Vorgänge sind von einer kindlichen Einfachheit; kompliziert ist nur das ästhetische Arrangement, die Gruppierung der Farben, die Maskenkunst, der Faltenwurf der Kostüme.

Es gibt eine Kirschblütenfeier, Geishatanz, zarte Töne, Blumengewinde; und danach Winterszene: eine hochgeborene Dame, einsam jammernd im Schnee. Eine öde, frierende Dekoration in Silbergrau und in Schwarz, übrigens entschieden russisch beeinflußt, mit einem kummervoll geneigten Baum in der Mitte. Hinten eilen Wolken vorbei, die Verirrte taumelt im Sturmwind: Es gibt einen Rüpeltanz, aber da darf man nicht an unsere alten Komiker denken (sächsische, kölsche, münchnerische, jüdisch-berlinsche). Diese sind schmale, junge Burschen, anmutig im Burlesken und im Tolpatschigen reizvoll.

Am Ende: große Dekoration, die Wände öffnen sich, die Hauptstraße von Osaka ist sehr anschaulich aufgebaut, mit Brücken, Lichtreklamen und zwei Wolkenkratzern. Es ist ganz großer Revuestil, auf starke Wirkung bewußt hergerichtet, aber wie dezent, im Pompösen noch – wie zurückhaltend!

(Und man denkt mit Grausen an die Schlußeffekte des Moulin-Rouge, mit Purpurtreppe und kreisenden Brillantregenschirmen.) Dieser Endeffekt ist nicht schwelgerisch-ordinär, sondern fein, berechnet, zart, kühl.

Unsere Revue ist für die zahlende Bourgeoisie – und verroht; diese fürs Volk – und verfeinert.

Im Puppentheater findet die japanische Schauspielkunst ihre absolute Vollendung. Der Reiz der klassischen Bühne – wir werden es in Tokio noch erfahren – ist das Konventionelle, Ausgerechnete, überliefert Stilvolle und Gebundene. Die raffiniert ausgestattete Gliederpuppe ist, stellen wir uns klassisch-japanisch ein, der unübertreffliche Schauspieler, *stilvoller* kann keiner sein, und alles Individuelle ist Störung.

In der ersten Minute scheinen die Puppen noch tot, aber lebendig sind sie schon nach einer Viertelstunde, und zwar bis zu dem Grade, daß es wirkt, als müßten die schwarzvermummten Führer sie zurückhalten, anstatt sie zu bewegen. Es ist sehr glaubhaft, daß die großen Schauspieler Japans an den Gesten der Puppen ihre Studien machen, sich nach ihnen richten. Sparsamer und strenger geht es nicht. «Vollkommen anmutig ist die Gliederpuppe – oder der Gott.» Ungefähr so hat Kleist es formuliert.

Das Spiel dauert von halb ein Uhr mittags bis halb elf Uhr nachts. Zeitgefühl kennt man hier nicht; wir sind in Asien, mag das Volk sich noch so amerikanisch gebärden – und die Handlung ist öde, Racheschwur, Mord und Harakiri im Mittelpunkt.

Einige Frauenpuppen sehen wir nachher aus der Nähe: mit bescheidensten Mitteln ist große Wirkung erzielt. Die Gesichter sind grob bemalt, aber wie wirkten sie aus der Ferne! Die Männerfiguren, welche die größeren Rollen haben, sollen komplizierter aussehen, mit beweglichen Mundwinkeln und Brauen. Jede von ihnen wird von drei bis vier Führern bewegt; das Zusammenarbeiten dieser hinter schwarzen Tüchern Versteckten ist bewunderungswürdig.

Bewunderungswürdiger noch ist die Leistung des Vorsängers und Begleiters, der an einem üppigen Pult in der Seitenloge Vortrag hält. Seine wunderlich verstellte Sprechweise erschreckt erst; aber man merkt, daß er ein großer Künstler ist, wenn seine Ausbrüche, Steigerungen, Gelächter- oder Schreianfälle kommen.

In Tokio haben wir den *Ganjirō* gesehen; er ist der prominenteste Star der klassisch-japanischen Bühne, Fürst der Schauspielkunst, von einer elastischen Vornehmheit ohnegleichen. Sein Gebärdenspiel hat die große Linie, es ist im strengsten Sinn tänzerisch, immer berechnet, immer bewußt stilisiert. Er ist auf jener obersten Ebene der Kunst angelangt, wo die mit höchster Technik angewandte Form natürlich wirkt.

In der Tragödie spielte Ganjirō einen kriegerischen Edelmann, adligen General. Man wird sein bedeutendes und herrschendes Gesicht über dem Prunkkostüm nie vergessen: die schräg mephistophelischen Augenbrauen, die gebieterische Stirn, den gewalttätig großen, vornehmen und geschlossenen Mund. Er arbeitete mit einem Minimum von Mitteln, verharrte lange Zeit ohne Mienenspiel, ohne Regung, um mit seltenen Ausbrüchen faszinierend hervorzutreten.

Wir verfallen in einen berlinerischen Fehler und beschäftigen uns mit dem «Star», während das Ensemble es ist, das die Beachtung verdient. – Die japanischen Dramen scheinen von einer Simplizität ohnegleichen; es geht immer um dieselben ethischen Probleme und Forderungen: Vasallentreue, Familienehre, Gehorsam gegen die Eltern, Opfertod für das Vaterland.

In diesem Falle ging es auch höchst unerbittlich zu, unmenschlich möchte man beinahe sagen. Von einem Kinde wird, daß es sich töten solle, verlangt, damit der Vater, der im

Kriege ficht, durch diesen Zwischenfall erbittert und aufgepeitscht, seine Kräfte noch einmal anspanne. Des Kindes Onkel, den Ganjirō spielte, bespricht sich in endlos langer Szene mit einer Urahne und bringt diese dazu, daß sie ihrerseits in langer Szene das Kind überredet, seinem jungen und zärtlichen Leben ein Ende zu machen. Dazu kommen allerlei Komplikationen, der Tod des Vaters wird versehentlich, oder aus List, gemeldet, und es wird sogar sein Kopf auf die Szene gebracht, doch es erweist sich, daß er künstlich ist. Das Kind, ein ernstes, schwarzes, rührend anmutiges Kind, entgeht nicht dem Schicksal, das ein grausames Vaterland von ihm fordert, es begeht Harakiri, nachdem es lange Zeit in hoffnungslos und wortlos klagendem Protest den Kopf geschüttelt hat. Dämonische Urahne und wehleidige Mutter klagen an seiner Leiche, sogar Ganjirō hebt mit stummem Jammer die Hand an den Mund.

Schauspielerei scheint in Japan ähnlich wie in Rußland aufgefaßt zu werden: mit Frömmigkeit, mit grenzenloser Hingabe an das Metier, die Technik und das Handwerkliche. Der große Komödiant wird als Lehrer mehr noch verehrt denn als Darsteller. Die Geheimnisse und die Tricks eines Meisters werden auf den Schüler vererbt, dieser bewahrt sie mit Andacht. Bewahrung, überall die fleißigste und demütigste Aufbewahrung alter Kenntnisse, alter Gebräuche.

Ein Schauspieler, der in der Tragödie als rotbemalter Wüterich auftrat, war in der pantomimischen Posse, welche die moderne Ehe verulkte, ganz und gar der gedrückte, überlastete Gatte. – Ganjirō, erst der majestätische Oheim, zeigte sich im bürgerlichen Schauspiel als schwächlicher junger Fant, der im Teehaus verführt und ausgeraubt wird –, eine Partie, in der er allerdings viel weniger glänzte.

Ein Kapitel für sich wäre den Frauendarstellern zu widmen. Die kapriziös-tyrannische kleine Ehefrau etwa wurde von einem jungen Menschen mit so überzeugendem Charme dargestellt, daß es ein Entzücken und eine Erstaunlichkeit war. Das rauschte, Fritzi Massary in jeder Geste, mit Rüschen, Schleier und Fächer umher; das stampfte mit den Füßchen, lamentierte mit hoher Stimme, flirtete, kicherte, wußte sich vor Weibchenhaftigkeit gar nicht zu lassen. – So feminin wie ein effeminierter Mann kann keine wirkliche Dame sein, das ist eine längst bewiesene Tatsache.

Ein anderes Kapitel gehörte der szenischen Technik des japanischen Theaters. Wissen wir, daß wir rückständig sind? Wissen wir, daß Berlin nicht *eine* so vollkommene Drehbühne hat, wie Tokio viele? – So was *wollen* wir gar nicht wissen.

Da wir uns schon so äußerst unterhalten fühlen, wie gebannt, wie hingerissen muß erst der Japaner sein –, *der alles versteht*! Wir meinen nicht den Text, auf den würde man gerne verzichten; aber all das Bedeutungs- und Beziehungsvolle, all das Symbolische und historisch Beglaubigte, jede Anspielung, jedes Zitat.

Die Gefahr läge nahe, daß ein sehr stark traditionsgebundenes Theater mumienhaft erstarrte, die Lebendigkeit einbüßte. Wir haben den Gegenbeweis. Der kleine Mann kommt schon mittags mit Kind und Teekanne, und er bleibt bis spät in die Nacht. Er schreit von der Galerie, schluchzt, wenn es rührselig ist, jubelt über die Spaßmacher. – Und es ergibt sich das lehrreiche Paradox, daß diese konservative Kunstübung dem Volke nähersteht, mehr *Volksbühne* ist als unsere ehrgeizig aktuelle, die es so eilig damit hat, alle Würde zu opfern, um der Zeit und ihren Problemen nachzulaufen.

Es sind die jungen Intellektuellen, die in radikaler Opposition gegen das Klassische stehen.

Das «Kleine Theater» in Tokio ist das modernste des Orients; unbedingt westlich geleitet, ostentativ antiklassisch. Auf dem Spielplan stehen dort: Werfel, Toller, Georg Kaiser,

Gorki, Romain Rolland, Pirandello. Der junge Literat, der uns in dieses Milieu einführte, hieß Hata, er ist einer von der traditionsfeindlichsten Sorte. Er haßt und verachtet Japans alte Kultur, weiß dafür in Berliner Angelegenheiten genauer als unsereiner Bescheid. Deutsch spricht er fließend, hat auch schon ziemlich viel übersetzt, zum Beispiel den «Faust», allerdings nicht in Versen. Während wir zum «Kleinen Theater» mit ihm fahren, scherzt er versiert, das Institut entspräche etwa unserem Theater in der Klosterstraße, erkundigt sich, ob wir besser mit Kerr oder mit Jhering ständen – und was dergleichen Verfänglichkeiten mehr sind.

Was aber sollen wir im «Kleinen Theater» zu Tokio sehen? – Wedekinds «Frühlings Erwachen». Das Leben hat sich immer noch Witze für uns aufbewahrt.

Die Inszenierung war, um es gleich zu sagen, von überraschender Qualität. Keiner der Schauspieler war jemals in Europa gewesen, auch der Regisseur nicht; trotzdem störte keine Stillosigkeit, Dekoration, Atmosphäre hätten jedem deutschen Theater Ehre gemacht. – Ein so geniales Schauspielervolk wie die Japaner greift nicht daneben, auch wenn es sich an Wildfremdem versucht.

Zu überwinden ist für uns die ganz gewaltige und dicke Komik, die in der Tatsache einer japanischen Darstellung dieses Stückes beruht. Völlig kommen wir darüber nicht weg, die Idee hat etwas Kitzelndes. Dazu treten einige Verstöße, vor allem, was die Kostümierung betrifft. Manche von den Damen trugen so überraschendes Spitzenwerk; wie soll man's beschreiben, fast biedermeierisch sah es aus. Die Gymnasiasten hatten romantische Wämser an, dazu Bubiköpfe und wilde Mützen, wodurch sie an die Gefolgschaft des Karl Moor erinnerten. – Die Wendla, man muß es gestehen, erwies sich als etwas zwergig an Wuchs und dafür langgesichtig, aber sie spielte mit zarter Anmut.

Die intensivste schauspielerische Leistung war Moritz Stiefel. Er hatte in jedem Ton und in jeder Gebärde die Weichheit und die Ekstase, die Verzweiflung, die Ungeschicklichkeit und das ergreifend sechzehnjährige Pathos, um dessentwillen wir uns alle im Moritz wiedererkannten, um dessentwillen wir ihn so narzissisch liebten. – Melchior Gabor, mit leidenschaftlicher Adlernase, agierte fast mehr Schiller als Wedekind, was für einen guten literarischen Instinkt spricht, denn die beiden gehören als pathetische Moralisten sehr nah zueinander.

Das Stück dauerte ungefähr dreieinhalb Stunden, es war die *einzige völlig ungestrichene* Aufführung, die wir jemals erlebten. Sogar die süß verfängliche Weinbergszene, Hänschen Rilows Monolog und die Szene in der Besserungsanstalt wurden gespielt. – In den unergründlich fremden Dialog mischten die deutschen Namen sich, mühsam und rauh vorgebracht.

Das Theater zeigte sich sehr gut besucht, beinah ausschließlich von jungen Leuten intellektuellen oder proletarischen Schlags. «Frühlings Erwachen» ist, vielleicht des Stofflichen wegen, ein Reißer, war schon Zugstück der japanischen Experimentierbühne vor dem Krieg. – Wir atmeten nur zu bekannte Luft, dies hier war ein richtiges Kammerspielhaus, das heißt: ein Stall mit intensiv geistiger Atmosphäre. Über dem Eingang hingen drei Gipsmasken: Goethe, Shakespeare und – Moissi, die drei internationalsten Europäer. (Irgendwo in einer Ecke, ziemlich unscheinbar, Kainz).

Nachher gab es, uns zu erfreuen, ein kleines Zusammensein, alle Mitglieder des Theaters waren dabei. Es war wunderlich und schön, mit so viel fremdem, jungem Künstlervolk Freundschaft zu schließen, wenngleich der Konversation arge Schwierigkeiten entgegenstanden. Die Schauspieler sehen ungefähr so aus, wie man sich in harmlosen Zeiten den russischen Revolutionär vorgestellt hat, mit schwarz hängendem Haar und asketisch durchgeistigter Miene. – Diese jungen Leute verdienen ungefähr dreißig Yen monatlich, was sechzig

Reichsmark bedeutet. Es gehört Idealismus dazu, unter solchen Umständen der Literatur die Treue zu wahren. Trotz dieser Gagen setzt der Direktor zu, ein Hocharistokrat übrigens und sogar dem Kaiser nahe verwandt, den aber seine radikale Gesinnung nicht zu stören scheint.

Um ehrfürchtig zu werden ist es: da sitzt in Japan irgendwo ein Häuflein Menschen und leidet Hunger, um europäisch-revolutionäres Theater machen zu dürfen. Wir haben leicht über Rüschenkostüme lachen; ein Vorbild nehmen sollten wir uns. Schämen sollten wir uns.

Wir blieben in Tokio viel, viel länger, als geplant war – und man ahnt schon warum. Wir hatten allen Anlaß, uns oft und gründlich «zusammenzusetzen», alles Menschenmögliche zu erwägen. Endlich war es der ehrwürdige S. Fischer-Verlag, der als helfender Engel fungierte.

Inzwischen ließen wir es uns eigentlich nicht schlecht gehen, das *Imperial-Hotel* war ein kurioser, aber lustiger Aufenthaltsort. Vom extravaganten Hirn eines Amerikaners ersonnen, hat es was von einer Operndekoration – Witzbolde behaupten, es sei stark von «Aida» beeinflußt –, die Badezimmer gleichen ägyptischen Grabkammern, das elektrische Licht ist spärlich, freilich wirkungsvoll, verteilt. – Außerdem hatten wir uns einer behaglich üppigen, größtenteils deutschen Geselligkeit in die gediegenen Arme geworfen.

Dazwischen kommen die Ausflüge, die altbewährten: wir lesen in der Schule *Omori*, eine halbe Stunde von Tokio, den deutschen Kindern was vor, wir fahren nach Yokohama, wo es am allerhäßlichsten ist. Aber in der Nähe liegt *Kamakura*, und dort sitzt unter Bäumen der enorme Daibutsu-Buddha; große, in sich ruhende Figur mit den aneinandergelegten Daumen und dem Lächeln, das aller Menschwerdung Ziel bedeutet.

12

Exzellenz Solf ist eine starke Persönlichkeit; man denke sich den prächtigen Schauspieler Diegelmann, nur staatsmännisch gewandt und politisch bedeutend. Er ist in ganz Japan ungemein populär, nicht nur Fürst und Abgott der deutschsprechenden Kolonie, man kennt ihn und sein weißes Haupt allerorten, als Sammler ist er ebenso berühmt wie als Diplomat und Gesellschaftsmensch. Seine Kollektion japanischer Holzschnitte ist einzigartig, unter dreitausend Blättern finden sich seltenste Arbeiten ältester und erlauchtester Meister.

Ein großes Verdienst hat Fräulein Lagi, sein Kind (sprich «Langi», denn sie ist auf Samoa geboren, als ihr Vater dort Gouverneur war), sich um die Japan-Deutschen erworben. Denn sie und ihre kleinen Exzentrizitäten bilden einen immer prickelnden Gesprächsstoff für alle Damen der Kolonie, es erregt, sie in der Uniform der Ueno-Studenten zu sehen, und ihr Tokio-Slang hört nie auf, faszinierend zu wirken. So feiert und verhätschelt man sie als das unentbehrlichste Enfant terrible, was zu verstehen ist, denn sie hat ein wunderhübsches, blasses und empfindliches Gesicht, dazu eine Schnoddrigkeit des Jargons und der Geste, als sei sie am Kurfürstendamm, nicht in Asien, erzogen.

Die «Deutsch-asiatische Gesellschaft» hatte uns, einen Vortrag in ihren Räumen zu halten, aufgefordert. Obwohl wir nichts davon haben sollten, sagten wir aus Gefallsucht und Höflichkeit zu. Vor allem reizte es uns, Nachfolger von Clairenore Stinnes zu sein, die acht Tage vorher, tüchtiges blondes Mädchen, eine bescheidene, etwas grobe, aber anschauliche Darstellung ihrer tapferen Autopartie durch Innerasien gegeben hatte.

Wir lieferten also unser altbewährtes Programm, mit Rilke-Gedichten und allem Zubehör. Leider gefiel es diesmal niemandem, und Exzellenz Solf gab nur der allgemeinen Stimmung Ausdruck, wenn er nachher in seiner reizenden Tischrede, kaum noch scherzhaft verbrämt, unsere Ausführungen unangenehm nannte. An den schärfsten Stellen seiner hübschen Improvisation wurde von allen Ecken und Enden der Tafel «Bravo!» gerufen, und zwar so wohlwollend herzlich, als wenn es uns ehren sollte.

Um so geglückter verlief der Abend in Kobe; dort schien die Kolonie leutseliger aufgelegt, und nur der Kapitän des Kreuzers «Berlin» zeigte sich unzufrieden. Er murrte, brummte und schüttelte sich, Freund Bischof, der neben ihm saß, konnte ihn nur mit Mühe beruhigen. Am Tag vorher erschien neben unserm Bilde ein kleiner Aufsatz, den uns ein Japaner schriftlich wie folgt übersetzte:

> Klaus und Erika Mann, Dichter und Schauspielerin, sind in dem Oriental-Hotel in Kobe. Die jungen und berühmten Künstler haben wie folgt geäußert: «Wir waren von amerikanischen Universitäten aufgefordert und haben auch an einundzwanzig Stellen vorgeredet. Klaus hat über junge deutsche Literatur und Erika über Schauspielkunst ausgesagt. Auch hier in Kobe halten wir eine Vorlesung ab.» -- Thomas Mann, der Vater unserer Künstler, ist in Deutschland der berühmteste Dramatist mit Hauptmann. Klaus Mann ist verlobt mit Pamela Wedekind, die eine Schauspielerin ist. Erika mit Herrn Friedel, dem ältesten Sohn der berühmten schwedischen Schriftstellerin Frau Strindberg, der ersten Frau von Wedekind. «Unsere Verwandten werden die berühmtesten Dichter Europas!» sagten die jungen Dichter.

Unser Charles Lautrup aus Kopenhagen war musikalischer Leiter der Ueno-Academy in Tokio. Mit japanischen Kräften studierte er die schönsten Dinge von Händel, Mozart bis Strawinsky ein. Es war sonderbar ergreifend, «Gott schlug alle Erstgeburt Ägyptens» von Japanern gesungen zu hören.

Nach dem Botschafter Solf war er einer der populärsten Ausländer, sogar kaiserliche Prinzen besuchten ihn, was in Tokio etwas Unerhörtes bedeutet. Direkte Neffen des regierenden Kaisers erschienen zum kalten Abendessen in seinem Häuschen am Meggi-Park; dieses Häuschen allerdings war höchst delikat und zierlich eingerichtet: japanischer Baustil – keine Fenster, Mattenbespannung, leichte Schiebetüren –, dabei von europäischem Komfort und Raffinement. Die Prinzen nahmen sich ganz schlicht darin aus, der eine, ältere, in einfachstem dunklen Gewand, trug großen, schwarzen Hängeschnurrbart und sah überhaupt dem Hunnenkönig Etzel ähnlich, nur viel freundlicher halt; für jeden Witz war er kindlich dankbar und lachte von Herzen, obwohl er kein Englisch verstand und sich alles vom gewandteren Sohn übersetzen lassen mußte. – Später machte Lautrup Musik, und die Hoheiten wurden ganz andächtig.

Von Lautrup und dem Imperial-Hotel trennten wir uns nicht gern; im übrigen wandten wir ohne Kümmernis Tokio den Rücken. Auf, in den D-Zug, die alte Heimat!

Die Fahrt durch Japan ist immer hübsch, aber nie großartig. Anmutig gehügelte Landschaft, überall sieht man den Bauer an der Arbeit, wie er das Reisfeld und den Acker bestellt. Dorf neben Dorf, nirgends Öde; jede Stelle menschlich belebt, ausgenutzt und verwendet; allerorts beobachten wir Fleiß und Frömmigkeit; wohin man schaut, deutet das Tempeltor an, daß dahinter ein Heiligtum steht.

Was fehlt, ist die große Fläche, an der das Auge zwischen den Städten sich erholt. Hier scheinen die Kapitalen durch eine endlose Kette von Dörfern miteinander verbunden; das gibt dem Lande etwas wimmelnd Übervölkertes.

Nach zwölf Stunden Kyoto. – Kyoto, von 794 bis 1869 Kaiserstadt gewesen, ist die religiöse Metropole noch heute:

jedes fünfte Gebäude präsentiert sich als buddhistischer oder shintoistischer Tempel.

Da das europäisch eingerichtete Hotel, mit Bierstube und allem Zubehör, uns gar zu sehr an einen Gasthof zweiter Güte in Leipzig erinnerte, beschlossen wir, uns japanisch zu etablieren. Wir zogen also in das «Tawaraya» genannte und vorzüglich empfohlene Haus. Wir mußten dort allerdings verzichten auf: Tische, Stühle, Schränke, Betten, WC, Fenster, Löffel, Messer, Gabel, Brötchen, Hammelkoteletts, Speisekarte. Mußten außerdem die Schuhe am Eingang lassen – unzerrissene Strümpfe gehören zur Tagesordnung – und in drolligen Pantoffeln gehen.

Dafür genossen wir: den erheiternden und anmutsvollen Umgang mit den Mädchen, die uns bedienten; grünen Tee zu allen Tages- und Nachtzeiten; den Anblick von leichten, hellen und vollkommen hübschen Räumlichkeiten fast ohne Möbel, mit Schiebetüren, flachen Kissen zum Sitzen, mattenbespannt – und zum Schlafen wird das Lager auf dem Fußboden bereitet. Wir genossen schließlich den sehr erheblichen Vorteil, auch in den Mußestunden, da wir nicht im Tempel, auf der Straße sein konnten, in *Japan* zu bleiben, das wir doch eben kennenlernen wollten –, anstatt in ein unschönes, provinzielles Talmieuropa versetzt zu werden. Japan, wie's Lafcadio Hearn geschildert hat, nimmt uns auf: eitel Zierlichkeit, Gekicher, Kimono, Papierschmetterling. Gibt es das also noch? Draußen liegt das gefährliche, zwiespältige, problematische Japan, mitten in seiner Krise.

Die Mädchen, uns zur Bedienung zugeteilt, verstehen kein Wort Englisch, wollen sich aber immer wieder bucklig darüber lachen, daß wir auf japanisch nichts wissen. Wir können nur: danke, bitte, Tee, Salz, Brot und Bad; das sonst noch Nötige lesen wir aus einem roten Büchlein vor, in dem, außer dem praktisch Unentbehrlichen, auch noch allerlei Neckisches vermerkt steht, etwa: «Ich liebe dich bis auf den Grund meines Herzens!» oder: «In der Liebe macht der soziale Rang überhaupt keinen Unterschied!» Dergleichen trugen wir den jungen Damen auch vor, worüber sie sich endlos amüsierten und kindlich ergötzten.

Sie wichen uns nicht von der Seite, sogar die Kleider wechseln mußten wir, während sie da waren. Nun wissen wir, was *Bedienung* bedeutet, schon lange nicht mehr. Unsere Zofen sind sachlich wie Steuerbeamte, diese aber behende wie Kätzchen und so schlau und aufmerksam. Kein kleinster Wunsch, den sie nicht kichernd und nickend erraten und mit Grazie erfüllen.

Am schwersten gewöhnten wir uns an das Essen. Stäbchentechnik und vorgeschriebene Sitzweise waren erlernbar; aber Materie und Zubereitung der Speisen – all dieses boshafte kleine Zeug – roher Fisch, braunes Sößlein, Reis, Reis, Reis – wollte uns gar nicht recht munden, es bekam uns auch nicht. Gut sind einige Spezialitäten, zum Beispiel Schildkröten, aber die kriegt man nicht oft. Nur den Tee verstehen sie zu bereiten, daß es auch uns zum Vergnügen gereicht. Hat man «The Book of Tea» von Kakuzo Okakura gelesen, weiß man, warum und daß die berühmte «Teezeremonie» keine äußerliche Antiquität, sondern kulturell bedeutsam ist. Denn dieses Volk, das im Formalen das Tiefe ausdrückt, hat aus dem Zurechtmachen und Genießen des Tees eine Kunst gemacht, die sehr charakteristisch für sein Wesen ist. Drollig und belehrend, zu erfahren, daß es historische Schulen und Epochen in dieser Kunst gab, wie in der Literatur, Malerei; daß man zwischen klassischer, romantischer, naturalistischer Richtung des Teemachens unterscheidet; daß solche Unterscheidungen nicht nur ihre kulturell-ästhetische, sondern sogar ihre religiöse Bedeutung haben.

Das waren hübsche Tage im Tawaraya-Hotel. Wenn wir nicht bei unsern Mädchen saßen, trieben wir uns draußen herum: in der grell bunten Theatergasse, in den Tempeln, in den alten Palästen. Wir schauten den schwarzvermummten Fechtern in ihrer Schule zu, bewunderten ihren starken Ernst, die unerbittliche Exaktheit, den pathetischen Stil, den sie sogar beim Markieren hatten. – Nebenan trainierten die Jiu-Jitsu-Leute, übten ihre tollen und gemeinen Griffe. Man beobachtete sie nachdenklich: das zugleich Ritterliche und Tückische, das ihre Kunst charakterisiert, ist auch charakteristisch für das japanische Volk. – Wir lustwandeln im Nijo-Palast, wo die stolzen Shoguns residiert haben und der, im Gegensatz zum schlichten Kaiserpalais, so prunkvoll ist; die reichen Plafonds, in Vierecke eingeteilt, oft an späte Renaissance erinnernd. Vornehmes Halbdunkel, auf goldenem Hintergrund Vögel, Blumen und die springenden Löwen.

In Kyoto war es auch, wo wir's einrichteten, daß André Gide und Annette Kolb selbander den Buddhatempel besuchten; wir trugen uns, mit ihren Namen, säuberlich ins Gästebuch ein. Einerseits, um den französischen Konsul zu schrecken, von dem wir, daß er uns auf dem Fuße folgte, wußten (welche Vorwürfe er sich machen mußte, von Gides Anwesenheit in Japan nichts gewußt zu haben!) –, andererseits aber, weil wir fanden, daß die beiden miteinander reisen sollten und daß wir sie auch gern hier träfen.

Der Abschied vom Tawaraya-Hotel war schwierig; erstens ging es den jungen Damen und uns sehr nahe, daß wir uns voneinander zu trennen hatten; zweitens bereitete die Trinkgeldfrage große Komplikationen. Denn die eigentliche Rechnung ist im Japanerhotel nur eine kleine Grundlage für das, was in Wahrheit zu zahlen ist: da will jeder üppig beschenkt sein, am üppigsten der Besitzer –, dafür wird auch kein Gast ohne zierliche Abschiedsgabe entlassen, muß einen bemalten Fächer, ein bedrucktes Tüchlein mit sich nehmen.

Wir wollten noch ein paar Tage in Nara bleiben, wo der schönste Park und die schönsten japanischen Kunstdinge sind.

Hier war es der junge und gelehrte *Schinzinger*, der uns führte und unterwies. Das Köstlichste fanden wir im Museum, vor allem einige frühe Figuren, aus dem achten Jahrhundert, von einem unwiderstehlich herben Zauber. Am großen Shinto-Tempel, der von einer vornehmen Kahlheit ist, stört ein grellrotes Tor. Unser Führer erklärt, diese Gemeinheit der Farbe sei bezeichnend für primitive und tiefstehende Elemente, die das Shinto enthalte, das sich aus naturhaft-barbarischem Geisterglauben zum Ahnenkult erst allmählich entwickelt habe oder vielmehr im Interesse des Kaiserhauses und von Staates wegen – unter Einfluß buddhistischer Kräfte – künstlich entwickelt worden sei.

Wir wallfahren auch zum kolossalen Daibutsu-Buddha; aber man denkt lieber an den in Kamakura, der im Freien stand, diesen scheint das Dach zu erdrücken.

Am schönsten ist es abends im Park, wenn die geheiligten Rehe äugend und schnuppernd überall hinter den Bäumen hervortreten.

In *Gifu*, hatte man uns gesagt, sei es aufregend und einzigartig. Was anderes suchten wir? In Eile fuhren wir gen Gifu. Fünf Stunden Reisfelder, Tretmühlen, schöne Flußtäler; Gifu, kleiner Ort in Japan, durch die Kormorane bekannt, Fischerstädtchen, japanische Provinz. Nicht ein Amerikaner am Ort, keine «Deutsche Kolonie». – Freilich, Autos auch hier und Männer mit Strohhüten zum Kimono. Immerhin: unser Hotel am Fluß ließ zu wünschen nichts übrig, und dagegen war Tawaraya ja ganz europäisch gewesen.

Um zehn Uhr, wenn es ganz dunkel ist, fängt es an. Durch die Schiebetüren unseres Häuschens hatten wir, seit Stunden schon, die hübschen Boote mit den Lampions als Lichtern hinauffahren und sich oben, in einer Bucht des Flusses, versammeln sehen. Fischerkähne und Vergnügungsbarken, Trommeln und Lauten.

Der Fischfang geht so zu: In Drahtkesseln werden kolossale Holzfeuer gefacht, die lodern an der Spitze der Boote, aufgehängt direkt überm Wasser. Zwölf Kormorane (Vögel wie die Adler, aber mit Flossen versehen) schwimmen, an Schnüren gehalten, vor jedem Boot her, enge Ringe um die Hälse. Ihre Leidenschaft sind die kleinen Fische, um die es hier geht und die, vom Flammenschein angelockt, wie Insekten zu Tausenden schwirren und schwärmen. Schreiend stoßen die Vögel ins Wasser hinunter und schlucken – zehn oder zwanzig Fische hintereinander. Aber der Ring. Er stört sie. Nicht in den Magen dürfen die Fische, nur bis zum Ring. Ist der Hals voll, fliegen die Kormorane ins Boot zurück – jeder kennt seinen Platz auf der Stange –, leicht preßt man ihnen den Fang heraus, ganz unbeschädigt, meist noch lebendig, werden die Fische in Körben geborgen. Dann von vorn die Jagd.

Es sieht wunderbar aus: der Fluß, von den Bergen schwarz umstanden, Flammenkessel an den geschweiften Barken, Japanerfratzen, von Feuer umloht, und die Kormorane, Vogelgespanne vor den Booten, als zögen sie die leicht hinter sich her.

Dazu Geschrei der immer wieder betrogenen Tiere, anfeuernde Rufe der Fischer, Musik von den Lustkähnen und die reißende Bewegung flußabwärts.

Zum Frühstück Reis und braunes Sößchen, gigantische Trinkgelder an Mädchen, Pächter, Knecht und Wirt, kleine Geschenke im Austausch dafür und wieder Eisenbahn. Nun ging es zur Insel Miyajima und nach Shimonoseki, aber eigentlich hatte schon die Heimfahrt begonnen.

13

Diesen Teil der Reise machten wir in Gesellschaft eines Schweizerkindes, eines jungen Mannes aus St. Gallen mit geistig sehr hohen Ansprüchen, durch gepflegte Kultur und anmutige Körpergaben gewinnend.

Letzter Eindruck von Japan war die *Innensee*, anmutiger und liebenswerter als irgendeine andere Gegend des Reiches, und *Miyajima*, bezauberndes Eiland, wo es verboten ist, zu sterben oder Kinder zu kriegen, wo Hunde und Katzen überhaupt nicht leben dürfen. Günstigster Platz, um von Japan Abschied zu nehmen, hier zeigt es noch einmal, und so rein wie sonst nirgends, seine reizendsten Möglichkeiten. Sanftes Dorf mit hochberühmtem Shinto-Heiligtum, gehütetem Reh, Chorgesang, Kinderspiel; Berge, Waldspaziergang und das stille Meer –: so verläßt man Japan, an dem man gelegentlich Ärgernis nahm, voll der besten Gefühle.

Peking, darein müssen wir uns finden, ist der kriegerischen Läufte wegen unerreichbar, die Verbindung der Hauptstadt mit Tientsin, Mukden gestört. Den Stand der Dinge ergründet niemand vollständig, man wettet, ob Tschang Tso-lin lebt oder tot ist. Was uns, von Europa aus betrachtet, welthistorische Bedeutung zu haben schien – Auseinandersetzung zwischen Rußland und England im Osten –, ist in innerchinesische Wirren längst ausgeartet. Die von Peking zurückflutende Nordarmee, führerlos, unbesoldet, soll kaum anderes denn eine Räuberbande sein. Da die chinesischen Umbringemethoden für ausgeklügelt unerfreulich gelten, nehmen wir lieber über *Korea* den Heimweg.

Nach dem verzwickten Japan wirkt doppelt großartig die *asiatische* Landschaft: weitere Flächen, schroffer geformtes Gebirg. Drollig fremdartig fällt die Tracht der Männer und Frauen auf, alles in Weiß, besondere Phantasie auf Hutformen gewendet: da gibt es schutige und flache, kreisrunde, aufgestülpte. Ältere Männer tragen oft durchsichtige schwarze kleine Zylinder, richtiger gesagt: Zopfbehälter, in denen der Zopf, sorglich gehütetes Tier, ringelig haust. – Übrigens scheinen die Leute von besserer Rasse, als wir in Japan es sahen, stärker, energischer, größer.

Die Hauptstadt *Seoul* oder *Keijo* ist auch schon westlich verdorben. Auf dem Lande, wir hatten es vom Zug aus gesehen, lebt man noch in Lehmhütten mit tiefhängendem Strohdach, eskimohaft. Die Kapitale weist dörfliche Reste auf, dazwischen aber stehen die modernen Repräsentationsgebäude. Unsere Zivilisation überwuchert unbarmherzig und unabwendbar jeden anderen Stil, jeden. Es geht ein Bruch durch die Welt, von den Südseeinseln bis Afrika, daß es einem weh tun muß.

So läuft man, um doch *etwas* Koreanisches zu haben, ins gediegene Museum, wo manch Schönes zu finden ist. Vieles, was man für Japanisch halten könnte, aber aus dem einfachen Grunde, weil dieses ehrgeizige und raffinierte Nachahmervolk jahrhundertelang Korea kopiert hat, ehe es dazu kam, erst China, dann uns zu kopieren. – Daneben Gerümpel aus noch früheren Zeiten, interessant vielleicht für den «Fachmann». Wir aber sollten nicht zu ehrfürchtig sein und Dingen Aufmerksamkeit schenken, denen kein Hauch von Leben mehr innewohnt.

Bei strömendem Regen schaut man sich noch einiges an, wozu unser Schweizer Gefährte sachverständige Bemerkungen gibt: weiße, zierliche Marmorpagode, die hat ein Mongolenkaiser seiner Tochter geschenkt, als sie hier Königin war, – und die Schätze, bei Kuriositätenhändlern aufgestapelt, goldbeschlagene Kästen und das köstliche Porzellan. Unverantwortlicherweise, und weil es doch nicht mehr darauf ankommt, kaufen wir sogar ein paar Dinge.

Seoul kann den Verlust Pekings nicht vergessen machen;

eher schon *Mukden*. Großartig und amüsant ist es zu sehen, wie der altmandschurische Kaiserort, der früher sogar Chinesen den Eintritt wehrte, zur international gemixten Grenzstadt sich entwickelt hat (oder dazu entartet ist – wie man's will). Die Japaner haben ihr eigenes Viertel, anderswo hausen die Europäer, Russen, Amerikaner. Ihr Quartier ist sehr ehrgeizig angelegt, mit noch nicht ganz ausgefüllten breiten Boulevards, Plätzen und Gärten; in zehn Jahren wird das alles großstädtisch-repräsentativ wirken. An den Geschäften meist russische, chinesische und englische Aufschriften. Auch im Kino jeder Text dreisprachig, dreischriftig.

Man fühlt sich wohl, wenn alles so durcheinandergeht; es gibt uns von großer Welt ein Gefühl – übrigens irrtümlicher-, mißverstandenerweise. Die Angehörigen der einzelnen Nationalitäten leben an solchen Plätzen enger, spießiger miteinander, als sie es vielleicht in ihren Mutterländern täten. Ihr Gesichtskreis ist nicht erweitert, sondern beschränkt; der Klatsch, mit dem sie sich beschäftigen, noch geringfügiger als der, mit dem sie es daheim zu tun gehabt hätten; politisch befinden sie sich in noch bedenklicherem Zustand, als wenn sie zu Haus geblieben wären, denken noch kurzsichtiger, reaktionärer.

Das deutsche Hotel, in dem wir wohnen, wird von Herrn *Lengmüller*, einem lustig schwadronierenden, energischen und etwas abenteuerlichen Bayersmann, vortrefflich geleitet; es hat durchaus kleinbürgerlichen, keineswegs internationalen Charakter, wenngleich es auch Chinesen, Amerikaner beherbergt. Lobenswert gutes Münchener Bier, trautes Gärtlein, Blechmusik und dazu die schwarz-weiß-rote Flagge: *so* deutsch leben nur noch die Deutschen im Ausland. –

Von einer Mauer umgeben liegt die Chinesenstadt. Nun haben wir wirklich etwas wie Peking-Ersatz. Denn wir sehen den Kaiserpalast, die Seidenhäuser und den Betrieb in den engen, von Arbeit klirrenden Gassen; wir haben den Blick von oben auf die übersichtlich angelegten Straßen, schauen in Höfe hinein, wo Männer, auf kleinen Stühlchen hockend, sich mit Blumen oder Fischen beschäftigen. Wir haben einen Geruch, eine Vorahnung von China; merken auch schon, daß wir es mehr lieben würden, als wir Japan geliebt haben.

Wir fahren vor die Stadt, zu den berühmten Gräbern hinaus. Die symmetrische und streng bedachte Gruppierung der Baulichkeiten, vom Eingangstor bis zum Grabhügel hinauf, erinnert an Nikko. Aber das japanische Heiligtum hat vor dem *Pe-Ling* den großartigen Hintergrund der Berge und des Kryptomerienbaumes voraus, während hier die Tempel selber durch einfachere und zugleich kühnere Formen wirken. Zum Hauptheiligtum führt die «Geisterallee»: plumpes Roß, wuchtender Elefant, rührendes Kamel.

Die Gebäude werden immer schöner, bis zum obersten mit bunter Schnitzerei, emailliert schillerndem Dach. Dahinter liegt, ganz schmucklos, ganz schlicht, der Grabhügel; sieht aus wie andere Hügel auch, grasbewachsen und oben drauf ein geneigtes Bäumchen; Schwalben fliegen um ihn herum. – Diese fromme Einfachheit des Hügels, in dem ein Menschenkörper längst zur Erde geworden ist, hat, gerade weil man den prunkvollen Tempelkomplex ihm vorgelagert weiß, etwas unwiderstehlich Rührendes.

Inzwischen wird das Gerücht, Tschang Tso-lin sei gestorben, wenn auch immer noch inoffiziell, zur Gewißheit. Dieser Mann hätte beinah, beinah das ganze große China erobert.

So ein schmuckloser Grabhügel hinter Tempelgebäuden stimmt einen nachdenklich. Der alte Tolstoi hat einst eine tiefsinnige Fabel gedichtet:

«Wieviel Erde braucht der Mensch?»

Daß wir auch in *Chung-Chan* Droschke gefahren sind, glaubt uns niemand so leicht. Denn, geben Sie's zu, Sie wußten ebensowenig wie wir, daß Chung-Chan existiert. Dabei ist es eine chinesische Stadt mit russischem Einschlag, gelegen zwischen Mukden und Harbin, und wir hatten vier Stunden Aufenthalt dort; dabei gibt es in dieser Stadt einen Park, sehr fein angelegt, ein Wirtsgärtlein, wo die Springbrunnen durch violette Beleuchtungstricks verzaubert scheinen, und viele Droschken, deren eine wir mieteten. Die Sauberkeitsverhältnisse lassen zu wünschen übrig in Chung-Chan, wenn man die repräsentative Gegend um den Bahnhof verläßt, ist es gleich ganz fürchterlich dreckig. Das wird sich hoffentlich bessern und schon ganz anders sein, fahren wir das nächste Mal hier spazieren. –

Auch von *Harbin* hatten wir wenig gewußt und uns in letzter Stunde belehren lassen, seine Entwicklung habe nach dem russisch-japanischen Krieg rapiden Aufschwung genommen; die Bevölkerung sei größtenteils russisch, doch trieben dort auch Chinesen, Japaner und andere Völkerschaften ihren Handel.

Das Stadtbild ist wüst und zugleich elegant, wie häufig bei Orten, die eine unnatürlich schnelle Entwicklung gehabt. Zwischen üppigen Boulevards breitet sich Öde. Russisches Luxusbedürfnis trägt dick auf, verlangt glänzende Restaurants und Kinotheater; aber dazwischen spürt man den Atem eines asiatischen Nestes.

Der Nachtbetrieb von Harbin ist der berühmteste im ganzen Orient, wir hatten davon schon in Tokio das Tollste singen und sagen gehört. Wir waren also freudig darauf gefaßt, ein Sündenbabel des Ostens zu finden, romantischen Sumpf, Metropole der Unzucht.

Unser Schicksal will's anders: ein Trauerfeiertag für Tschang Tso-lin, den nunmehr offiziell toten Generalissimus, verbietet jegliche Lustbarkeit. Harbins Kabaretts, die sich so tollen Rufes erfreuen, waren an dem Abend, da wir es ganz genau von ihnen wissen wollten, menschenleer, still. Ein Generalissimus war gestorben, da hatten die Kokotten nichts mehr zu lachen. Sie waren sogar recht übellaunig, was man ihnen nicht verdenken sollte, und trugen zu den Abendkleidern weiße Filzpantoffeln, eine Schlamperei, die freilich kaum ein Trauertag entschuldigt. Meist saßen sie in schweigsam-mißmutigen Gruppen am Tisch, die plump verlockend angemalten Gesichter paßten so bitterlich wenig zu dem maulenden Ausdruck, der ihre Mienen beherrschte. Man möchte ein Maler von der strengsten und genialen Sachlichkeit sein, um darstellen zu können, wie sie sich trugen und frisierten, wie sie um sich blickten, durchs Zimmer gingen, ihr Wesen trieben; wie die fetten Arme der Sitzenden auf dem Holztische ruhten; wie über den breiten Stirnen das Haar zur wunderlichsten Frisur aufgekämmt war. – Dahin gehörte ein Otto Dix, denn so hundertprozentige Huren, und so prachtvoll mürrische obendrein, findet er nirgends mehr in Europa.

Die Russen in Harbin scheinen größtenteils «weiß», man merkt es an der hochmütig unzeitmäßigen Haltung der Bürgersfrauen, an den grauen, bureaukratischen Spitzbärten der Herren. In vielen Auslagen sieht man Zarenphotographien, daneben Heiligenbilder. Hat es nicht etwas Rührendes? Hierher also haben sich alte, immer noch geliebte Ideale geflüchtet.

Aber auf manchem Gebäude weht auch die Flagge des Sowjetstaates, mit dem Hammer und der Sichel geziert, zum Zeichen, daß Proletariat und Bauernschaft miteinander gehen sollen.

Eine Woche, und wir werden Moskau sehen. Über dem großen Rußland, welches heute unsere Gedanken so innig wie jemals umkreisen, werden wir das zweifelhafte Pseudorußland, das uns Harbin zeigt, vergessen.

Als Notiz und Feststellung bleibe: es hat den anrüchigen Charme alles Gemischten, Grenzhaften, Zwittrigen. «Weiße»

Hochburg, Sowjetstadt, chinesischer Handelsplatz, Durchgangsort mit Vergnügungsetablissements: alles dieses – Harbin. Mittendurch fließt ein Strom; da es Sonntag vormittag und sonnig ist, fahren wir Kahn, es lärmt und schaukelt bunt und vergnüglich um uns herum.

14

Der erste Eindruck von Rußland ist, daß dort alles so ungehörig viel kostet. Man sagt sich, daß die Wirtschaftsverhältnisse eines Landes, das *prinzipiell* weder Eigentum noch überhaupt Geld anerkennt, irrsinnig kompliziert sein müssen – und so trägt man's.

Nur kommt unsereins leicht in gräßliche Situationen. Über uns brach die Kofferaffäre herein. Worauf wir, amerikanische und japanische Verhältnisse gewohnt, nicht mehr rechneten, geschah: man wollte für die Beförderung unseres Gepäcks ganz erhebliche Summen haben, unter zweihundert Mark tat man es nicht. Es stand so um uns, daß wir das Geld einfach nicht hatten, da half kein Zusammensetzen, Köpfchenzerbrechen, Telegraphieren – und mit Behörden ist bekanntlich nicht Spaß zu treiben. Also: entweder Koffer dalassen (man bedenke: an der chinesisch-sibirischen Grenze, die trauten Andenken, die Wertgegenstände, die Manuskripte und Abendkleider, Bücher und Strümpfe) – oder: selbst in Manchuli bleiben, wo es nicht das geringste zu lachen gab, und das gute Erste-Klasse-Coupé verfallen lassen. – Beides gleich widerlich.

Da trat der Sanfte, Kluge in Erscheinung. Dieser war Paßkontrolleur von Beruf, aber darüber hinaus ein gütiger Mensch und voll von Kenntnissen. Erst machten wir ihn glauben, es sei eine Marotte von uns, einen unserer beiden Riesenkoffer ins kleine Coupé mitzunehmen, wozu er die Erlaubnis mit großer Mühe für uns erreichte –, als wir aber für den andern zahlen sollten, kam alles auf. Zunächst war er ein bißchen spöttisch, wenngleich auf sympathische Art. Wir glaubten alles schon durchaus zu Ende, als wir uns mit ihm zusammensetzten. Wir hofften kaum mehr auf ein Resultat, gaben Badeanzüge und Ohrringe verloren, das Zusammensitzen mit unserm Freund war Selbstzweck, denn er war gewinnend, melancholisch, brünett, überlegen und hatte einen feinen Humor.

Deshalb schickte der Himmel ihm den Einfall, unseren Koffer dritter Klasse als blinden Passagier unterzubringen. Von Freudentränen geblendet sahen wir, wie das treue, alte Stück samt Schlafröcken und Filmentwürfen verstaut wurde, wozu der Liebenswerte sein schwermütigstes Lächeln zeigte.

Die große Fahrt konnte anfangen. Das Coupé war elegant, wie das Boudoir einer Dame, die auf sich hält, blaubespannt und zierlich, im Waschkabinett lief das Wasser fast nie, sonst war es sehr komfortabel. Wir rechneten uns aus, daß wir mit unsern zwanzig Rubeln zwei, sogar drei Tage lang üppigst leben könnten, und drahteten einem Zuverlässigen, er möge uns nach Krasnojarsk hundertundfünfzig Mark telegraphieren. (Krasnojarsk, Omsk, Irkutsk waren uns selbstverständlich geläufig wie Magdeburg, Halle, Hannover.)

Wir nährten uns von Tee mit Zitrone, Schwarzbrot mit Butter und Wodka. Im Speisewagen kostete eine Orange einen Rubel fünfzig (ist gleich drei Mark zwanzig), auf den Stationen eine Tafel Schokolade zwei Rubel (ist gleich vier Mark fünfzig). An den Stationen versorgten sich alle Herrschaften mit Brathuhn und Honigkuchen; uns wurde dann etwas melancholisch zumute, wir freuten uns auf Krasnojarsk wie aufs Paradies. Ein fetter Deutscher quälte uns besonders, da er sich bei *jedem* Aufenthalt Wurst, gelben Käse, dicke

Milch, süßen Honig erhandelte. Wir fanden, daß es für ihn ungesund sein müsse, während *wir* es doch recht wohl hätten brauchen können.

Unsere Unterhaltung war, die Mitreisenden zu benennen und sie auf ihre komischen Eigenschaften hin zu untersuchen. Unsere liebste Freundin war die Amerikanerin «Hütchen», eine jener ganz Chicken, denn sie trug täglich ein anderes Kleid. Sie hatte ein kränkliches reizvolles Gesicht, man sah ihm an, daß sie es seit zwanzig Jahren puderte, aber es hatte sich jene ein ganz klein bißchen welke Lieblichkeit bewahrt, die so bemitleidenswert und bezaubernd ist. Ihr Beruf war, Theaterstücke, vor allem Operetten, zu schreiben; da ihr nichts Rechtes mehr einfiel, reiste sie durch die Welt, auf der Suche nach einem Stoff. Sie hatte in Peking fast ein ganzes Jahr verbracht, hoffend, daß ihr ein theaterfähiges Kuriosum über den Weg laufe. Dieses war ausgeblieben, aber in Manchuli war ihr ein Ereignis bekannt geworden, das ihr zur Verwendung geeignet schien. Außerdem erhoffte sie sich in Berlin wesentliche Anregung von Piscator. – So durchreiste sie in ihren hübschen Kleidern die Welt, um das Ungewöhnliche zu erhaschen.

Die andern Amerikaner waren konventioneller; einem gaben wir den Ehrennamen «der Nette», weil er so ausgezeichnet gewachsen war. Einigen hochmütigen Damen wollten wir übel. Dann war da in unserem Wagen noch ein deutschsprechendes Paar, über das wir uns gelegentlich den Kopf zerbrachen; die Dame sprach ziemlich viel, und zwar wienerisch, der Herr war grauhaarig und machte einen auffallend sympathisch-seriösen Eindruck.

Und draußen die große Landschaft. Nicht enden wollend die Birkenwälder, jeden Tag wieder die Birke, sich tausendfach wiederholend, der rührende und hübsche und bescheidene Baum. Es gibt eine Novelle von Sologub, in der ein dreizehnjähriger Junge sich in eine Birke verliebt, ich glaube, er stirbt dann, während er sie umklammert: an diese Geschichte voll eines krankhaften und süßen Reizes mußten wir denken, während wir nichts und nichts und nichts als Birken sahen. – Dazwischen breite Ströme und das schroffste Gebirge, und dazwischen Seen, plötzlich ist einer so groß wie ein Meer. In ihrer phantastischen Großzügigkeit erinnerte uns diese Landschaft an die amerikanische. Aber sie ist hundertmal schöner. Ich weiß nicht, wer Sibirien öde finden kann. Öde ist es zwischen Chicago und Los Angeles.

Wir näherten uns Krasnojarsk; auf den Wodka mußten wir schon verzichten, leider hatten wir auch keine Zigaretten mehr. – Wir trösteten uns mit Dostojewski, lasen manches von ihm noch einmal, manches zum erstenmal. Wir erzählten uns dann gegenseitig, was wir gelesen.

Wir hatten Krasnojarsk nicht anders als das Weihnachtsfest erwartet. Wir sollten gegen zwölf Uhr dort sein, den ganzen Morgen war uns feierlich zumute. An Frühstück war selbstverständlich nicht zu denken, aber wir malten uns aus, was wir zum Mittagessen genießen würden. «Wir wollen *à la carte* essen!» beschlossen wir nicht ohne Wollust.

So heiß war es noch nirgends gewesen wie diesen Mittag in Krasnojarsk. Der Bahnsteig glühte, die Luft roch und vibrierte, ganz gelähmt und ermattet schlichen sich die Leute zur Eisverkäuferin.

Wir hatten zu organisieren und alles recht zweckdienlich einzurichten. Wir organisierten es so:

Erika eilt zum Postschalter und fragt den Russen dortselbst, welcher kein Wort versteht, ob kein Telegramm für Manns vorhanden. Inzwischen schlendert Klaus, künstliche Gleichgültigkeit in den Mienen, nervös am Zuge auf und ab, erhoffend, daß plötzlich ein dazu angestellter Beamter mit dröhnender Stimme ausschreit: «Geldtelegramm für Manns! Für Manns ein Geldtelegramm!» (Nur natürlich auf russisch; aber man versteht es doch instinktiv.) Die Luft, vor Hitze, stank und brodelte. Ein großer Mann mit strengem Barte und roter Mütze macht sich mit Papieren zu schaffen, auf ihn konzentrieren sich Hoffnungen, er mußte spüren, wie intensiv spähend ein Augenpaar an ihm hing.

Erika kommt zurück, von Hitze und Enttäuschung ganz gebückt und runzlig geworden. Man scheint ihr geradezu unwirsch begegnet zu sein, ach, und ihr auch nur eine Kopeke auszuhändigen, daran dachte kein Mensch. – Die andern Reisenden haben inzwischen Himbeereis gegessen und befinden sich etwas lustiger, was für uns eher verletzend ist. Wir beratschlagten fiebrig, was noch zu tun sei, aber es fiel uns nichts ein, und so verbrachten wir den Rest der Wartezeit damit, uns zu überlegen, ob wir die Schuld an der Katastrophe den russischen Postverhältnissen oder unsern doch nicht so zuverlässigen Freunden geben sollten. – Grübelnd schleppten wir uns in unser Coupé zurück.

Wir besaßen noch zwei Zigaretten, welche wir, weil doch alles gleich war, zu rauchen beschlossen. Es war klar, daß wir uns ganz gründlich «zusammensetzen» mußten. Wir kalkulierten mit trockenster Sachlichkeit: konnten wir die vier Reisetage, die blieben, ganz und gar ohne Geld auskommen? Bei großer Hitze mag man bekanntlich nicht viel essen, außerdem würde «Hütchen» uns Pralinen und, legten wir es darauf an, sogar belegte Brötchen anbieten. – Blieb die Sorge um die «tips», auf die gerechnet wurde, und um den Koffer, der zwar dritter Klasse, aber doch nicht ganz umsonst reiste. Wir fanden, alle diese kleinen Summen könnten wir uns vom Taxichauffeur leihen und sie diesem wiederum vom Hotelportier zurückerstatten lassen. Soweit schien alles erledigt, auf jedes Leiden gefaßt, wandten wir uns dem Dostojewski wieder zu, der ja nun die einzig passende Lektüre war.

Nach langem Schweigen *Klaus* plötzlich, bekümmert vom Buch aufschauend: «Ich habe mir überlegt, das geht doch nicht.»

Erika, ganz erbittert: «Wieso, wenn ich fragen darf, nicht?»

Klaus: «Wir verdursten.»

Dagegen war nichts zu erinnern. Wir müssen also einen der Mitreisenden anpumpen; *aber wen?*

Wir ziehen «Hütchen» in Frage, doch nur ganz flüchtig, denn wir sind uns einig darüber, daß sie *viel* zu damenhaft sei. Alle übrigen Amerikaner scheiden aus. Bleibt das deutschsprechende Paar.

Um diese Herrschaften hatten wir uns schon ziemlich oft Sorgen gemacht. Wer reiste mit einer wienerisch sprechenden und hübschen Dame vom Fernen Osten nach Deutschland und schien dabei kein Geschäftsmann? Wir beschlossen, daß er Arzt sein müsse, was wir als nicht ungünstig empfanden. – Wir verfaßten einen etwas gequält scherzhaften Brief, in dem wir unsere auserkorenen Opfer «liebe, unbekannte Herrschaften!» anredeten, ihnen erzählten, in welcher Lage wir seien, nebenbei erwähnten, wir hätten unsere ganze Barschaft für orientalische Kunstschätze geopfert und nun habe unsere Bank nicht rechtzeitig depeschiert – und was dergleichen Schnörkeleien mehr sind –, kurz und gut, sie sollten uns zwanzig Dollar leihen. – Wir schlenderten wie zufällig den Gang hinunter, unser Auserkorener lehnte, Aussicht genießend, am Fenster und sah wieder sehr vertrauenerweckend aus. Wir tippten ihm von hinten auf die Schulter. «Hier ist ein Brief für Sie!» sagten wir keck. Er schreckte auf, aber bedankte sich höflich.

Einige Minuten danach trat er in unser Abteil. *«Bernhard Kellermann»*, sagte er flüchtig.

Von jetzt ab wurde es erst richtig nett. Das Eis war gebrochen, und es gab die hübscheste Geselligkeit. Ein üppiges und freundliches Leben begann. Man kam nie mehr in Gefahr, sich zu langweilen, denn Kellermanns Dame, Frau Kainer, wußte mehr Geschichten, Schwänke und Betrachtungen als

Tausendundeine Nacht. Dostojewski trat in unserm Dasein zurück; dafür tranken wir wieder Wodka im Speisewagen.

Jetzt waren wir auch dabei, wenn an den Stationen Proviant besorgt wurde, wir konnten Hühnerfleisch und süßen Honig kaufen, dazu hatte uns der «Tunnel» indirekt verholfen. Wir bildeten nun eine deutsche Macht gegenüber den Angelsachsen, zwischen den Lagern schwebte «Hütchen», ganz soignierter Liebreiz und zarteste Geistigkeit, und sie plauderte über die Tragödie in Manchuli.

Überhaupt herrschte im ganzen Zug eine kameradschaftliche Stimmung während dieser letzten Tage, so, als hätten wir alle zusammen gräßliche Gefahren mitgemacht. Im Mittelpunkt des Interesses stand mehr und mehr eine Gruppe von japanischen jungen Leuten, die von ihrem ehrgeizigen Vaterland zu den Wettspielen nach Amsterdam gesandt war. Diese schönen und athletisch schlanken Knaben trainierten an jeder Station, sie hüpften, boxten, rannten, und immer entstand ein dichter Menschenkreis um sie, wenn sie ihre anmutigen und komplizierten Übungen machten. Bernhard Kellermann war besonders liiert mit ihnen, er riskierte täglich mehrmals, mit ihnen um die Wette zu laufen. Es bleibe dahingestellt, ob sie dem deutschen Dichter aus Höflichkeit Vorteile ließen, auf jeden Fall hielt er sich prächtig.

15

Wohnet, wenn ihr nach Moskau kommt, nicht in den großen Hotels! Hier weht kein Hauch eines neuen Geistes, das ist Neppwirtschaft, aber eine mit Doppel-P geschriebene.* Alles

* Anspielung auf NEP = Neues Ökonomisches Programm.

ist ziemlich fein; natürlich nicht ganz so, wie in den guten Hotels anderer Städte, aber dafür viermal so teuer. Für eine mittellange Droschkenfahrt wollte der patriarchalisch wirkende Kutscher zwölf Rubel haben, macht fünfundzwanzig Mark. Denken wir nicht mehr daran!

Bei einem ersten Aufenthalt in Rußland sollte man sich, eifriger noch als in anderen Ländern, jeden Tag, den Gott werden läßt, vorhalten: Vergiß die Vorurteile, so du dir gemacht, die positiven wie die negativen, urteile nicht – schaue! Das Problem, über das du zu urteilen hättest, ist ungeheuer, und Winzigkeiten sind es, die du gesehen hast. Berichte also über die geschauten Winzigkeiten!

Wir waren dankbar, daß wir Moskau nicht von Europa, sondern von Asien aus erreichten; nicht nach der kurzen Reise Berlin-Warschau, sondern nach der großen von Harbin über Sibirien. So entgingen wir der Gefahr, Moskau als europäische Stadt aufzufassen, die es nicht ist, sondern erlebten es als letzten Exponenten des russischen Reiches, dessen strom- und wälderreiche Landschaft so viele Tage lang an uns vorübergeglitten war.

Man hat pflichtgemäß zu konstatieren, daß das Moskauer Straßenbild «proletarisiert» sei, es entspricht den Tatsachen: bürgerlich gekleidete Leute sind selten, elegante fehlen fast ganz. Außerdem fallen viele und scheußliche Bettler auf, einarmige, humpelnde, blinde, ganz verfallene –, aber man erzählt uns, das sei im zaristischen Rußland auch nicht anders gewesen. – Übrigens drängt der Verdacht sich dem Beobachtenden auf, die betonte Schäbigkeit, welche die Kleidung des Durchschnittes charakterisiert, sei durch Armut weniger als durch proletarisches Stilgefühl zu erklären. Dieselben Leute, die es verschmähen, reine Wäsche – oder überhaupt Wäsche –, ganze Schuhe – oder überhaupt Schuhe – zu tragen, drängen sich am Abend in den Vergnügungsparks, Kinos, Theatern; an lauter Orten also, die hier ziemlich kostspielig sind. Was organisiert ist, scheint auch gut zu verdienen. Eine andere Frage ist es, wie es auf dem Lande draußen dem kleinen Bauer ergeht. –

Stellen wir uns, als wenn das Wirtschaftliche, das Politische, Organisatorische uns ganz und gar nicht interessierte, tun wir vorübergehend völlig ruchlos, ästhetizistisch; dann bleibt als Ergebnis, als unvergeßliches, großes – *die Stadt*. Moskau, Mütterchen Rußlands innerstes und heiligstes Herz.

Es gibt wenig Städte – vielleicht nur noch Paris –, in denen das Spazierengehen so viel Freude wie hier macht, trotz des «proletarisierten» Straßenbildes. Immer wieder findet sich Neues, Fremdes, Ungeahntes: versteckte Durchgänge, Mäuerchen, Plätze. – Und dann ist da der wundervolle Spaziergang am Wasser entlang, wo man auf den unbetretbaren Kreml den Blick hat; diesen Weg sind wir täglich gegangen, und täglich beschlossen wir, daß er nicht leicht seinesgleichen findet. Tagsüber baden in dem Gewässer, das man, wüßte man's nicht besser, für einen Kanal halten könnte, nackt, wie Gott sie geschaffen, die Burschen und jungen Männer, angesichts des Kreml, dessen schöne Türme und Baulichkeiten zuschauen. Abends rudern sie, es gibt Geplansch und Gelächter, indessen spielt hinterm Kreml in allen Farben der Sonnenuntergangshimmel. Wenn es später wird, ragen die schwarzen Silhouetten der Paläste und Kirchen, eine magisch-großartige Operndekoration, in die blaß sich vorbereitende Nacht.

Dann sind da die Kirchen, die mit den goldenen und die mit den bunten Kuppeln; am stattlichsten die Erlöserkirche, monumentales Bauwerk in Weiß und Gold, repräsentativer Stil des vorigen Jahrhunderts; am schönsten die Basiliuskirche auf dem Roten Platz, überraschender, barbarisch bunter Kuppelbau, vielleicht das märchenhafteste, unglaublichste und frömmste Gebäude der Erde. So hatte man sich immer das Schloß vorgestellt, das in Strindbergs «Traumspiel» aus der Erde wächst. Von diesem Gotteshaus kommen so merkwürdige Strömungen her, daß man nicht glauben will, es sei von Menschenhänden errichtet. Man ist überzeugt, es ist nächtlicherweise aus dem Boden gestiegen, was die Engel selber mit den Zauberkräften eingerichtet haben. Eines Nachts wird es wohl auch wieder verschwinden. Drinnen findet man die Kirche in verschiedene kleine Kapellen eingeteilt, in denen mattgoldene Dunkelheit herrscht. Es wird Gottesdienst gehalten, ziemlich viel Volk hat sich zusammengefunden, allerdings größtenteils ältere Leute, aber auch einige junge. Vor den Ikonen brennen große Kerzen.

Indessen steht auf öffentlicher Tafel draußen angeschrieben: *«Religion ist Opium fürs Volk.»* Das ist offiziell, von der Regierung. Es macht einen wunderlichen Eindruck und stimmt nachdenklich, daß trotzdem in allen Gotteshäusern und Kapellen gebetet, gesungen und gehuldigt wird; und daß die Diktatur dieses religiöse Treiben der Nation nicht zu verbieten *wagt*.

Moskau wird von seinen Kirchen beherrscht, die Kirchen sind es, die ihm das Gepräge geben. Es ist, als Stadt, denkbar *unamerikanisch*, hat einen altertümlich winkligen Einschlag. Moskau und Chicago sind absolute Gegensätze; eher liegt Moskau mit Nürnberg oder Rom auf derselben Linie. Daran ändert nichts, daß auf den Straßen so viel Radio gespielt wird; auch nicht, daß neurussische Architektur amerikanischen Einfluß spüren läßt, obwohl sie, naiverweise, als «bolschewistischer Stil» bezeichnet wird. Auf das neue Telegraphengebäude, welches auch in Kansas City stehen könnte, zeigt man sich mächtig stolz; allerdings ist es schon seit einem Jahr fertiggestellt und doch noch nicht im Betrieb. Nur die Demonstrationszüge führt man drum herum.

Alle Einzelheiten, die wir gezeigt bekommen, in Ehren: aber am wesentlichsten werden in der Erinnerung die stundenlangen Spaziergänge bleiben. In der Erinnerung soll das alles später wieder aufsteigen: das schlechte Pflaster, die runden Kuppeln, überall auftauchend, die ratternden Wagen, die Bettler und Straßenverkäufer. In jeder Auslage Lenins Porträt, welches im Gesamtbild der Stadt eine vielleicht noch größere Rolle spielt als das des Mussolini in Rom. (Aber man sieht Lenin lieber denn Mussolini.) Zur Zeit unseres Aufenthaltes machte dem Leninschen Bild das des Dichters Maxim Gorki Konkurrenz. Der Sechzigjährige wurde nach langer Abwesenheit in der Heimat enthusiastisch gefeiert. Von jedem Zeitungskiosk und aus jedem Geschäft schaute sein intensiv lebendiges Katergesicht uns an; das Gesicht des Mannes aus dem Volke mit Schnauzbart und eindringlichen Augen.

Aber Trotzkis Bild fehlt in Moskau. Die Verbannten werden nicht ausgestellt – –

Vergessen wir nicht, ein Hoch auf die VOKS auszubringen; es ist das Institut «für kulturelle Verbindung der Sowjetunion mit dem Ausland» –, und der Fremde wäre verloren in Moskau ohne diese glänzend funktionierende Einrichtung. Die VOKS befindet sich unter Leitung der Frau Kamenewa, Trotzkis Schwester, einer gescheiten und energischen Frau, die man mit guter Absicht an diese Stelle gesetzt hat. Denn die Organisation des Propagandadienstes muß der Regierung überaus wichtig sein, da nur eine ständige und intensive Reklame halbwegs die schlauen und infamen Verleumdungen unschädlich zu machen vermag, die unaufhörlich über die Sowjetrepublik in die Welt gesetzt werden. Ein Land, über das in *allen* anderen Ländern der Welt mit so leidenschaftlichem Eifer geschimpft wird, *muß* etwas dafür tun, daß fremde Durchreisende mit positiven Eindrücken nach Hause kommen.

Also: Frau Kamenewa tut was dafür. Der Eindruck, den sie uns machte, war schon bedeutend, als wir sie beim deutschen Botschafter, dem von Versailles her hochberühmten Grafen

Brockdorff-Rantzau, kennenlernten; dieser Eindruck steigerte sich noch, als wir sie im Bureau, bei ihrer Arbeit beobachten konnten. – Ihr unterstellt ist eine Schar von intelligenten und vorzüglichen jungen Damen, die in allen lebenden Sprachen parlieren, mit amerikanischen Globetrottern, deutschen Lehrerinnen, französischen Schriftstellern umzugehen wissen. Sie machen Tagespläne, schlagen vor, richten ein. – Was interessiert Sie, meine Herrschaften, besonders? Neue Filme, Bildergalerien, alte Klöster, Gefängnisse, Große Oper, Arbeiterheime? Alles zu haben, das Telefon klingelt, der Bleistift fliegt übers Papier. – Die VOKS funktioniert.

Wir lassen uns also etwas einrichten.

Da wir uns zum Beispiel für russische Filme ganz ausnehmend interessieren, werden uns, zwei Vormittage lang, die besten vorgeführt. Das grandiose Bilderbuch, dem eine politische Werbekraft ohnegleichen eignet, rollt sich ab; es wird ein ganz großer Eindruck. Der unbeschnittene «Potemkin», «Zehn Tage, die die Welt bewegten» –: dieser tendenziöse Geschichtsunterricht ist ohne Frage das Atemberaubendste und Ungeheuerlichste, was die Filmkunst bis heute hervorgebracht hat.

Wir gehen artig in die Bildergalerien, aber die russisch-nationale ist eine Enttäuschung. Sie bietet eigentlich nur das Grausigste, sentimentale oder blutdürstige Schinken, die obendrein auch noch gesinnungsmäßig sehr anstößig sind. Meistens finden wir Heilige, Krieger oder Zaren dargestellt, wie sie sich bei Schlachten oder Gottesdiensten betätigen, dazwischen ganz bedenklich bürgerliche Familienidylle. Und das Publikum drängt sich vor diesen künstlerisch monströsen, inhaltlich veralteten Malereien. Warum duldet dergleichen die radikale Diktatur? Sollte sie hier, was man ihr sonst nicht nachsagen kann, übertriebene Pietät walten lassen? –

Herrliches dagegen in dem Museum für westlich-moderne Kunst, das in zwei Gebäuden untergebracht ist. Einige unvergeßliche van Goghs, Cézannes, Gauguins (da ist ein gelbes Wirtshauszimmer mit Billardtisch von van Gogh: es ist eine der unerhörtesten Farbenkompositionen, die jemals geschaffen) – ein paar süße Landschaften und Frauengesichter Renoirs, ein paar faszinierende «blaue» Picassos, auch ein paar abstrakte, die noch faszinierender sind. –

Weniger Glück erlebten wir mit dem Theater. Wir hatten uns, in New York schon, darauf gefreut, nach dem amerikanischen Amüsiertheater das russische Gesinnungstheater zu sehen. Aber alles Wichtigere, von Tairoff bis Meyerhold, war geschlossen, oder gastierte anderswo. Wir mußten uns also mit bolschewistischem Sommertheater begnügen.

Wir sahen ein Stück, das so ähnlich wie «Der bewaffnete Zug» heißt, Revolutionsreißer von der harmlosesten Sorte und mit viel Schießerei. Piscator würde daraus eine technisch-bravouröse Sensation gemacht haben, hier ist alles primitiv, beinahe schäbig. Inhalt des Stückes ist eine geringfügige Episode aus dem Bürgerkrieg, eine Plänkelei zwischen Roten und Weißen, um irgendeines waffenstrotzenden Eisenbahnzuges willen. Merkwürdigerweise sind die Konservativen *seriöser*, wenn auch unsympathischer dargestellt als die Roten. Ihr Offizier, kulanterweise vom besten Schauspieler der Truppe gespielt, trägt entschieden heroische Züge, nur ist er leider in zerrüttetem Zustand und schwer hysterisch (wie sich am Schluß herausstellt, sogar Kokainist). In einer naiv burlesken Szene wird, gerade im Gegensatz zum soldatischen Typus, der Bourgeois verspottet; eine Gesellschaft von Bürgern benimmt sich hühnerhaft töricht, feige und blöd. – Die Roten hingegen zeigen sich gutmütig, schwerfällig, lustig, übrigens auch gelegentlich etwas hasenfüßig, aber sonst als nette Kerle mit Ziehharmonika, roter Fahne, Gesang. Es ist kein Versuch gemacht, sie zu Heroen und Halbgöttern zu stilisieren, was angenehm auffällt. –

Die Darbietung als Ganzes ist ohne Spannung und Kraft,

nicht in *einer* Nuance neuartig, überraschend. Manche Szenen sind frisch und lebendig, bleiben aber auf dem Niveau unserer Bauerntheater. Wenn die Roten etwa einen fremdländischen Soldaten fangen, ihn erst für gefährlich halten und aufhängen wollen, dann erst merken, daß er so schweigsam und störrisch war, nur weil er doch keine Silbe Russisch verstand. Aber wer «Lenin» ist, weiß er dann doch, und so verbrüdern sie sich. – Lustig, auf Tegernseer Niveau.

Endresultat: man muß im Winter wieder nach Moskau kommen. Denn auch die Schulen, Universitäten sind geschlossen oder nicht in vollem Betrieb. Trotzdem machen die schlauen VOKS-Leute einiges noch für uns ausfindig. Bei vielen unserer Streifzüge begleitete uns Dame «Hütchen», man weiß doch noch, wer sie ist: jene reizvoll Zarte, die den Erdkreis nach Theaterstücken durchsucht. Sie machte in Moskau begreiflicherweise einen gedrückten Eindruck, zog sich schlicht an, sprach meistens leise und behauptete, sie sei ungern gesehen.

Sie war auch dabei, als wir den russischen Komponisten Glière besuchten, dessen Ballett «Der rote Mohn» in der Großen Oper sehr gefeiert worden war. Glière scheint kein phänomenales, aber ein sehr erfreuliches Talent von stark romantisch-nachwagnerischer Prägung, dem viel Melodisches einfällt. Die Stunden bei ihm hatten etwas Melancholisch-Idyllisches; es gab zwar guten Tee und russische Konfitüren, aber die Wohnung war, bei aller Traulichkeit, leicht bedrükkend. Der Musiker, obwohl er sogar offiziell in Gnaden und anerkannt ist, schien nicht in guter Verfassung; er möchte fort, aber das ist undurchführbar. Er müßte Weib und Kind dalassen, dürfte auch nur eine kleine Summe Geldes mitnehmen. So bleibt er in seinem Zimmerchen, wo es ein bißchen stickig ist, und träumt am Klaviere. Seine Gattin ist sehr lieb und matronenhaft, sein Junge, sympathisch-linkisch, schreibt kleine Geschichten, «in Tschechows Stil». – Glière selber übrigens sieht frappierend Max Reinhardt ähnlich, hat auch dasselbe nachdenklich ironische Lachen durch die Nase.

Was man von diesem Besuch mitnimmt, ist ein starkes Mitleidgefühl. Es muß für einen Künstler, dessen Natur das politische Pathos fernliegt, nicht eben leicht sein, unter des Proletariats Diktatur sein Leben zu fristen.

Es gilt aber, dieses Mitleid zu überwinden, indem man sich sagt, daß es auf die Künstler alleine nicht ankommt. –

Wir besuchen auch soziale Institute; da es besonders charakteristisch scheint, wollen wir vom «Haus des Bauern» erzählen.

Das Haus des Bauern ist ehemals elegantes Restaurant gewesen und kann heute vierhundert Bauern oder auf dem Lande tätige Agitatoren, wenn sie dem Gouvernement Moskau angehören, Unterkunft gewähren (für die Bauern der gesamten Sowjetrepublik gibt es ein anderes Haus, vor der Stadt). Das Moskauer bietet auch Verpflegung und eine Beratungsstelle in juristischen Angelegenheiten. Es ist, mit den Hotels verglichen, billig; für manchen Bauern immer noch viel zu teuer. Die Schlafsäle sind sauber wie in einem guten Krankenhaus, die Lese- und Wohnräume, deren Türen und Decken an das zaristische Restaurant erinnern, anständig eingerichtet. Überall sehr viel Statistiken und Tabellen, die, wie vorteilhaft Kollektivwirtschaft sei, nachweisen; welche Rolle im Wirtschaftsleben die Frau spiele, und so weiter. Einem bestimmten Bauern, der als Musterexemplar seiner Klasse gepriesen wird, sind mehrere Plakate gewidmet: dieser führt nicht nur eine vorzügliche Wirtschaft, sondern schreibt auch noch in Zeitungen, so sehr bewegen ihn die öffentlichen Angelegenheiten; übrigens sieht er wirklich sehr intelligent aus.

Das Haus des Bauern bietet auch die verschiedenartigsten Museen: eines für Heimarbeit, das von Bauern hergestellte Dinge zeigt: Spielzeug, Schuhe, Möbel, Stickereien (das hält sich also doch noch neben der Fabrik; oder wird künstlich gehalten?); ein anderes zeigt landwirtschaftliche Geräte, und ein drittes dient der Tierheilkunde; da gibt es die abscheulichsten Dinge zu sehen, in Spiritus aufbewahrt oder nachgebildet in Wachs, alle Krätzen und Übel, denen die Kreatur ausgesetzt ist, und auch solche, die der Mensch beim Tiere sich holt. Wir haben sogar das Kalb mit den zwei Köpfen geschaut; allerdings ausgestopft; aber es wirkte doch wie lebendig.

Im Treppenhaus hängt Lenins Riesenporträt, und zwar in *Korn* ausgeführt, ein Mosaik aus gelben, braunen, schwarzen und weißen Körnern. Im Treppenhaus, in den Schlaf- und Lesesälen, in den Museen gehen die Bauern aus und ein; mit den breiten Backenknochen und Stirnen, dem harten Kittel und der singenden, weichen und wilden Sprache.

Das wären so geschaute Winzigkeiten. Dahinter steht riesenhaft: *das Problem.*

Aber hier ist nicht der Platz und nicht die Möglichkeit, auch nur *ein Wort* in diese weltgeschichtliche Diskussion zu werfen.

16

Unnötig zu erwähnen, daß es wieder nach gräßlichen Vorspielen erst zur Abreise kam. Telegramme flatterten hin und her, diesmal geschah es sogar, daß wir am Bahnhof noch einmal umkehren mußten, zu viele Kellner, Boys und andere Hotelangestellte waren im letzten Moment mit Forderungen auf dem Perron erschienen.

So zogen wir wieder ins Grand Hotel ein und lernten Moskau gründlicher, als wir geplant hatten, kennen.

Schließlich war es doch an dem, daß wir dritter Klasse nach Warschau fuhren. Unmöglich, von dem Dreck eine Beschreibung zu machen, am Morgen lag man auf seiner Pritsche, fingerdick von üblem Moder zugedeckt.

Erst als wir die russisch-polnische Grenze hinter uns und die Rubelreste fürs Gepäck hingezählt hatten, konnten wir aufatmen. Stolpce, letztes Hindernis auf dem großen Rennen, nun war auch dies noch geschafft. Von Cuxhaven bis Stolpce: einmal hin, einmal her, rundherum, das ist nicht schwer.

Nach Stolpce stieg ein *ganz* kleiner Jude zu uns ins Coupé, von dem sich herausstellte, daß er irgendwo östlich ein Kino besaß. Er wurde unsere letzte und eigentlich schönste Reisebekanntschaft. Seine Idealgestalt eines Gois und eines eleganten Kerls war Harry Liedtke, von dem er auch gerade einen Film laufen hatte, in dem obendrein Lee Parry das unschuldige Mädchen spielte. Wir erfuhren die Handlung dieses Films ins haargenaue, er trug uns das alles sehr anschaulich vor. Harry, der Junggeselle, findet Klein-Lee als Dienstmagd im Hause eines Bekannten. Und, «um Gottes willen, der Mann ist nicht mehr gleichgiltig, der Mann ist entzickt! Sie ist so hibsch und so grazies». Zum Hochzeitsfest wird die Tafel «schen geschmickt», aber auch «Generäle und Magnaten» eingeladen. Lee ist erst ein bißchen untam, aber er verspricht sogar, ihr eine feine Bildung zu kaufen, da bewegt sie sich bald ganz natürlich im Magnatenkreise.

Die weiteren Komplikationen, die sich ergeben, hatte er selber vergessen. Er fragte uns statt dessen eindringlich, was unsere Mäntel gekostet hätten und seit wann wir verheiratet wären. Wir verwickelten uns daraufhin aus purer Bequemlichkeit in ein Lügengespinst, das uns bald über den Kopf wachsen sollte, in dem Klausens Eltern, die in Chicago Stoffhändler waren, eine große Rolle spielten – «die Mäntel also haben uns *gar* nichts gekostet!» sagten wir hochmütig –, ebenso Erikas Hamburger Tante, welche unsere Liaison gekuppelt hatte.

Erst als er fragte, wieviel Geschäftsbureaus in Chicago kosteten, flohen wir.

Warschau mutete nach Moskau wie ein sündhaft bürgerliches Luxusparadies an, tags, mit guten Läden und stattlichen Denkmälern, etwas an Frankfurt, abends, mit erleuchteten Cafés und wimmelnden Boulevards, an Paris erinnernd. Gerührt und dankbar genossen wir den Komfort, den Hôtel d'Europe bietet; spürten endlich das unentbehrliche alte Europa wieder.

Weniger erfreulich war mit Preußen der erste Zusammenstoß; beim Wechsel des Zugpersonals im Morgengrauen an der Grenze kamen wir unter die Fuchtel des deutschen Wachtmeisters par excellence, so, wie ein gehässiges Ausland ihn sich jahrzehntelang vorgeträumt hat. Da hatten wir nichts mehr zu lachen, mußten stramm sitzen, nur weil der Pole es eingerichtet hatte, daß wir uns hinlegen durften. Aber der Deutsche hat zu beweisen, daß er, *was Ordnung ist*, weiß.

In dem Augenblick, da wir die Kaiser-Wilhelm-Gedächtniskirche wiedersahen, war schon die ganze Weltreise zum Traum geworden. Niemals hatten wir mit Ricki vom Woolworth-Building geschaut, nie den Chaplin im Restaurant belauscht; niemals hatten wir mit Louiza in Honolulu gespeist, nie mit Exzellenz Solf in Tokio. Daß wir mit den Chinesen um Tschang Tso-lin getrauert hatten, war eingebildet, ebenso stand es um die Verhandlungen mit Bernhard Kellermann inmitten Sibiriens. Nie sind wir anderswo spazierengegangen als zwischen Uhlandstraße und Lützowufer, nie haben wir andere Musik in den Ohren gehabt als die uralten Rufe: «B. Z. am Mittag – B.Z.! – –»

Nachwort

«Über unser ziemlich phantastisches Leben hat Erika, glaube ich, schon ein bißchen erzählt. Wir sausen so herum (...). Der neuen Freunde sind natürlich ungezählte. Wir pendeln so zwischen Millionären, Strichjungen, Universitätsprofessoren, Literaten, kleinen Studenten, Filmschauspielern, Malern hin und her. Manchmal gibt es komische Zusammentreffen mit den reisenden Deutschen, mit Moissi oder mit Emil Ludwig. Manche Leute sind viel netter, als man von ihnen erwarten sollte – zum Beispiel Rudolf Kommer, der doch so ärgerlich umgetrieben ist, und Hans Müller, der doch so scheußliche Stücke schreibt, und dabei ein reizvoller, unruhiger und gescheiter Mensch ist. Aber wenn ich – im Frühling oder im Sommer – hoffentlich über China-Indien zurückkomme, will ich ganz seßhaft sein und etwas Schwerwiegendes arbeiten.»[1]

Mit diesen launigen Worten berichtete Klaus Mann in einem Brief am 5. Februar 1928 über die große Reise, die er gerade mit seiner Schwester Erika unternahm. Der Tonfall des Schreibens entsprach recht genau der Stimmung, mit der die Geschwister die Weltreise absolvierten: Naßforsch und abenteuerlustig; stets neugierig auf Menschen, besonders auf Prominente; zugleich selbstkritisch genug, den etwas leichtfertigen Charakter ihres Weltenbummler-Daseins zu bemerken und zuzugeben.

Am 7. Oktober 1927 traten die beiden ältesten Kinder Thomas Manns in Rotterdam die Reise an. In seiner Autobiographie «Der Wendepunkt» bekennt Klaus Mann, es habe damals gute Gründe gegeben, für einige Zeit «davonzulaufen»[2] – Gründe privater wie beruflicher Art. Klaus Manns jüngstes Theaterstück «Revue zu Vieren», Ende April 1927 uraufgeführt, hatte zwar Furore gemacht, war aber bei der Kritik recht einhellig durchgefallen: «peinlich, geschwätzig und glatt», lautete Herbert Jherings Urteil über das Werk lakonisch.[3] Die Hauptrollen des Stückes hatten bei der Uraufführung Erika und Klaus Mann, Pamela Wedekind und Gustaf Gründgens gespielt – ein Quartett, das für Schlagzeilen sorgte. Der Mißerfolg aber wurde zur Belastungsprobe, der die Freundschaften nicht standhielten. Von Pamela, mit der Klaus seit Juni 1924 verlobt war, begann er sich zunehmend zu entfernen, zumal die junge Schauspielerin dem Dramatiker Carl Sternheim Avancen machte.

Zur gleichen Zeit ging Erika Manns erst im Juli 1926 geschlossene Ehe mit Gustaf Gründgens auseinander; nach der Weltreise kehrte Erika nicht mehr zu ihrem Gatten nach Hamburg zurück. Außerdem hoffte sie, durch die Reise dem beruflichen Einerlei zumindest zeitweise zu entkommen. An Pamela Wedekind schrieb sie im September 1927: «Zudem reisen wir schnurstracks und kindisch genug nach Hollywood, wohin durch Gretel Walter die Beziehungen gut sind, und tun, als ob wir filmen wollten. Komisch ist es jedenfalls, reklamemäßig für Deutschland ausbeuten läßt sichs jedenfalls, und das schlimmste, was passieren kann, ist, daß wir sehr bald wiederkommen, und dann schließe ich eben meinen Drecksvertrag mit den Kammerspielen am Weihnachtsabend erst ab.»[4]

Die Reise war für die Geschwister insofern eine Flucht nach vorn – so ungewiß ihr Verlauf und Ertrag zunächst sein mochten. Am 9. Oktober 1927, als Erika und Klaus bereits auf dem Ozeandampfer gen Amerika unterwegs waren, wurde Thomas Mann von der Zeitung «Philadelphia Public Ledger» befragt, was er denn von dem Unterfangen seiner beiden Ältesten halte. «Personally, I have neither supported nor tried to hinder their journey», antwortete er und wertete dies als Anzeichen «of the friendly and free relationship between this generation of parents and children». Sowohl ein wenig Neid als auch Bewunderung schwangen mit, als er im weiteren Verlauf des Gesprächs betonte: «These children (...) belong to a race who use the opportunities of world communication with more naïveté, daring and enterprise than their fathers had.»[5]

Die Weltreise von Klaus und Erika wäre freilich ohne den berühmten Namen ihres Vaters kaum denkbar gewesen. Noch während der Überfahrt nach Amerika hatten sie einen besonders unverfrorenen Werbegag erdacht: Sie gaben sich kurzerhand als Zwillinge aus. Der Coup gelang. «Thomas Mann's Twin Children Arrive for America Tour», lautete zum Beispiel die Überschrift eines längeren Artikels in der Zeitung «The World» vom 21. Oktober 1927. Berichtet wurde, Klaus Mann sei «one of Germany's most promising authors» und werde in den USA Vorträge halten; Erika sei Schauspielerin, werde Lyrik-Lesungen veranstalten und versuchen «to break into the movies in Hollywood».[6] Geschmückt war der Artikel mit einem fröhlich-kecken Foto: die Geschwister im Zwillings-Look mit Ballonmützen, beide einen angebissenen Apfel in der Hand – das Symbol der verlorenen Unschuld...

Die Reise der «Mann twins» dauerte über ein Dreivierteljahr. Den weitaus größten Teil dieser Zeit verbrachten sie in den USA. Ungeniert und mit dem ihnen eigenen Charme machten sie Bekanntschaft mit prominenten und unbekannten Zeitgenossen, ließen sich einladen und herumzeigen. Auch alte Bekannte trafen sie – zum Beispiel Ricki Hallgarten, der sie bereits bei ihrer Ankunft in New York erwartete. Ricki war ein enger Freund aus Münchner Jugendjahren: Mit ihm und Bruno Walters Töchtern Gretel und Lotte hatten Klaus und Erika einst die «Herzogpark-Clique» gebildet, eine verschworene Gemeinschaft von abenteuerlustigen Jungen und Mädchen.[7] Jetzt durchstreifte man gemeinsam die Straßenschluchten von New York. Als die «Mann twins» allerdings weiterreisten nach Chicago, blieb Ricki an der Ostküste zurück.

Von Chicago ging es weiter nach Kalifornien. Hollywood, das Zentrum der amerikanischen Filmproduktion, war für die Geschwister neben New York von vornherein das wichtigste Ziel ihrer großen Reise gewesen. Die Schilderung ihrer Erlebnisse in den Studios und Künstlerzirkeln der Traumfabrik – was sie sahen, wen sie trafen, mit wem sie plauderten und feierten – gehört zweifellos zu den schönsten Teilen des vorliegenden Reiseberichts. Die beruflichen Ambitionen, die Erika und Klaus Mann mit dem Aufenthalt in Hollywood verbunden hatten, erfüllten sich freilich nicht. «Entdeckt» wurde keiner von beiden – sie nicht als künftiger Filmstar, er nicht als Drehbuchautor. Dabei hatte Klaus Mann vor der Abreise noch etwas vollmundig verkündet, er wolle «drüben ein riesenhaftes Filmgeschäft» in die Wege leiten.[8] Sein konkretes Vorhaben, Thomas Manns «Königliche Hoheit» gemeinsam mit Erich Ebermayer als Filmprojekt bei Metro-Goldwyn-Mayer unterzubringen, zerschlug sich jedoch.[9]

Von Hollywood reisten die Geschwister im Januar 1928 zurück nach New York. Eine Vortragstournee durch verschiedene amerikanische Städte war zu absolvieren – Klaus redete über die junge Generation in Europa, Erika rezitierte moderne deutsche Lyrik: Gedichte von Gottfried Benn, Bertolt Brecht, Joachim Ringelnatz und anderen.[10] Die Vorträge waren nicht zuletzt ein Mittel, die chronische Geldnot der «Mann twins», die über der gesamten Weltreise lastete, ein wenig zu lindern. Ansonsten lebten sie von Vorschüssen verschiedener Art, von Zuwendungen reicher Gönner (wie dem Aktien-Geschenk einer Lady, das im Reisebericht erwähnt wird) und von Honoraren für die zahlreichen Artikel,

Die «Mann twins»: Werbefoto für die amerikanische Öffentlichkeit

die vor allem Klaus Mann schon während der Reise über ihre Abenteuer und Erlebnisse schrieb.

Die Berichte erschienen in verschiedensten deutschen Zeitungen und Zeitschriften – vielfach waren es Vorarbeiten, die später direkt in das Buch «Rundherum» eingearbeitet wurden. Die Passagen über Upton Sinclair zum Beispiel wurden ebenso wie der Bericht über den Mordfall Marion Parker zuerst in der angesehenen Berliner Zeitschrift «Das Tagebuch» publiziert. Andere Texte erschienen im «Querschnitt», in der «Neuen Leipziger Zeitung», im «8 Uhr-Abendblatt». Für die in Essen verlegte Illustrierte «Die Wochenschau» schrieb Klaus Mann allein einen dreizehn Folgen umfassenden Reisebericht, den die Zeitschrift zusammen mit einer Reihe von Fotos zwischen November 1927 und Oktober 1928 veröffentlichte.[11]

Rund ein halbes Jahr hielten sich die Geschwister in den USA auf. Dann reisten sie weiter: Hawaii, Japan, Korea waren die nächsten Stationen; anschließend ging es über Sibirien nach Moskau; von dort schließlich über Warschau zurück nach Deutschland. Das Reiseziel China hatten sie von ihrer Liste gestrichen, da es wegen politischer Unruhen als allzu gefährlich galt. Mitte Juli 1928 waren sie wieder zu Hause. Im «Wendepunkt» vermerkt Klaus Mann nicht ohne Rührung, sogar der Vater sei zum Bahnhof mitgekommen, um seine beiden Ältesten abzuholen – und dies um 11 Uhr vormittags, mitten in seiner sonst geheiligten Arbeitszeit...

Flugs machten sich die Rückkehrer daran, ihre Erlebnisse in einem umfassenden Reisebericht aufzuschreiben.[12] Mit dem S. Fischer Verlag hatten sie einen Vertrag geschlossen über das Projekt, und bereits Anfang 1929 war das Buch fertig: «Rundherum» (in der Erstausgabe noch ohne Untertitel). Der Band war illustriert mit 35 Fotografien, die in der hier vorliegenden Neuausgabe erstmals wieder veröffentlicht werden.

№ 16, 19. Januar 1929. Künftig erscheinende Bücher. Börsenblatt f. d. Dtschn. Buchhandel. 489

ENDE JANUAR ERSCHEINT

KLAUS UND ERIKA MANN

Rundherum

Mit 35 Reise-Photographien

Englische Kartonnage 5.50 RM

In Ballonleinen mit einer handkolorierten Einbandzeichnung von Rudolf Großmann 7 RM

Klaus und Erika Mann fuhren nach Amerika und über Japan, Sibirien, Rußland in die Heimat zurück. In ihrem Reisebuch stellen sie keine kritischen Beobachtungen, keine Reflexionen über Länder und Menschen an. Mit neugierigen jungen Augen blicken sie um sich und erzählen einfach und lebendig, was sie sahen und was ihnen begegnete. In dieser natürlichen Frische und unliterarischen Heiterkeit der Darstellung liegt der besondere Reiz des Buches. Aber auch zufällige Begebenheiten und episodische Vorgänge werfen Lichter auf die Geheimnisse ferner Länder und Menschen. So erleben wir die Gewalt New Yorks, die Filmstadt Hollywood, die liebenswürdigen Naturkinder einer ozeanischen Palmeninsel, das geschäftige Japan, das unendliche asiatische Rußland. Wir sind jung und lebensfroh mit unseren jugendlichen Reiseführern und sehen die Menschenwelt, wie sie sich in unverbildeten lustigen Augen spiegelt.

35 photographische Abbildungen von Menschen und Stationen dieser Reise sind dem Buche beigegeben.

Ⓩ

S. Fischer Verlag · Berlin

Auslieferung: Leipzig C 1, Reclamstraße 42

In Wien vorrätig bei R. Lechner & Sohn, in Budapest bei Béla Somló

Anzeige aus dem «Börsenblatt für den Deutschen Buchhandel», 19. Januar 1929

Die Autoren selbst beurteilten ihren munteren, leicht geschriebenen Bericht mit skeptischer Distanz. Klaus Mann bedankte sich bei Stefan Zweig für dessen lobende Worte über das Buch mit dem Eingeständnis, der Reisebericht sei «ja ganz kess, aber eben doch ein bißchen auf Bestellung gemacht».[13] Und in einem Brief von Erika an den amerikanischen Verleger Joseph Brewer heißt es unverblümt: «Ich freue mich, daß ‹Rundherum› Dir nicht allzusehr mißfallen hat. Niemand kann es dümmer finden als wir; Du mußt wissen, wir haben das Geld dafür in Tokio gekriegt!»[14] Die meisten Kritiker dagegen äußerten sich wohlwollend über das Buch, das schon nach kurzer Zeit eine zweite Auflage erlebte.[15] Klaus Mann fand diese freundliche Aufnahme «beinahe komisch» – ein wenig verwundert bemerkte er: «Und bei der ernsten ‹Revue zu Vieren› hatte man sich so!»[16]

Hugo von Hofmannsthal, dem die Geschwister ein Exemplar von «Rundherum» geschickt hatten, antwortete mit einem lobenden Brief, der keineswegs nur aus Höflichkeitsfloskeln bestand: «Es ist ein lustiges, angenehmes, eigentümliches Buch und hat mir über zwei etwas fiebrige Grippe-Nachmittage in der angenehmsten Weise weggeholfen. Neugierde in einer so reinen, starken Form, wie die, welche Sie beide rund um die Welt getrieben hat, ist eine besondere Gabe; so wie es eine besondere Gabe, und nur sehr wenigen verliehen ist, wirklich stark zu wünschen. An der Darstellung war mir zweierlei wirklich wohltuend: daß Sie beide sich vom Übertreiben ganz fern gehalten haben (und das Übertreiben, in tausend Formen, ist wirklich die Pest in der deutschen Schriftstellerei) und daß Sie in einer so anständigen Art immer dem Weitschweifigen und Beschreibenden ausgewichen sind. In diesem Punkt haben mich die wenigen (übrigens sehr guten) Zeilen über den Grand Cañon geradezu gerührt.»[17]

In der Tat sind das eigentlich Reizvolle des Reiseberichts «Rundherum» die sehr direkten, fast naiven Detailbeobachtungen der Autoren, die sie unbekümmert und «mit der ganzen Anmaßung frischer Jugend» vortragen, wie ein Rezensent bemerkte.[18] Klaus Mann zählte einundzwanzig Jahre, als das Buch geschrieben wurde, seine Schwester zweiundzwanzig! Wer eine fundierte kritische Analyse der von den beiden Reisenden besuchten Länder und Regionen sucht, mag bei der Lektüre von «Rundherum» enttäuscht werden. Eine solche Analyse zu liefern, war aber auch keineswegs der Anspruch der Autoren.

Klaus Mann hat später für seine Autobiographie «Der Wendepunkt» noch einmal eine komprimierte Version des Reiseberichts geschrieben, die nur knapp dreißig Druckseiten umfaßt. Darin hat er manche Reflexionen über die Weltreise vertieft und kritisch zugespitzt – freilich aus der Perspektive eines Zeitgenossen, der bereits Erfahrungen wie den Zweiten Weltkrieg in seine Gedanken und Urteile einbezieht. Über den Tokio-Aufenthalt zum Beispiel, den die Geschwister in «Rundherum» mit staunender Begeisterung beschreiben, heißt es im «Wendepunkt» sehr viel distanzierter: «Was mich am imperialistischen Tokio, wie am faschistischen Rom, instinktiv abstieß und beleidigte, war der militante Rummel, die herausfordernde Geste eines machthungrigen, arroganten Nationalismus. Der festungsartige Palast des Gott-Kaisers – übrigens eine architektonisch großartige Konstruktion – wirkte auf mich wie das massive Symbol einer tückisch-unersättlichen Aggressivität.»[19] Als Klaus Mann diese Sätze Ende der vierziger Jahre schrieb, hatte Japan im Krieg an der Seite Hitler-Deutschlands gegen die USA und ihre Alliierten gekämpft – und der Schriftsteller war in den Reihen der US Army mit zu Felde gezogen.

Auch die Darstellung zum Beispiel der Begegnungen mit Emil Jannings ist in der Autobiographie Klaus Manns deutlich kritischer gefärbt. Der berühmte Schauspieler machte nach 1933 seinen Frieden mit den herrschenden Nationalso-

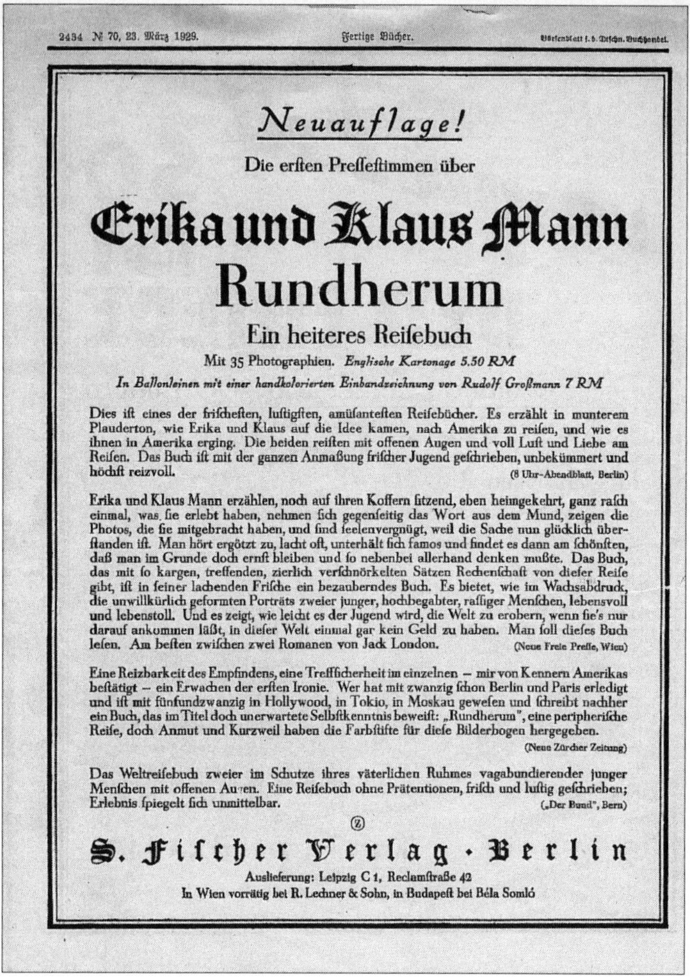

2434 № 70, 23. März 1929. Fertige Bücher. Börsenblatt f. d. Dtschn. Buchhandel.

Neuauflage!

Die ersten Pressestimmen über

Erika und Klaus Mann
Rundherum

Ein heiteres Reisebuch

Mit 35 Photographien. *Englische Kartonage 5.50 RM*

In Ballonleinen mit einer handkolorierten Einbandzeichnung von Rudolf Großmann 7 RM

Dies ist eines der frischesten, lustigsten, amüsantesten Reisebücher. Es erzählt in munterem Plauderton, wie Erika und Klaus auf die Idee kamen, nach Amerika zu reisen, und wie es ihnen in Amerika erging. Die beiden reisten mit offenen Augen und voll Lust und Liebe am Reisen. Das Buch ist mit der ganzen Anmaßung frischer Jugend geschrieben, unbekümmert und höchst reizvoll. (8 Uhr-Abendblatt, Berlin)

Erika und Klaus Mann erzählen, noch auf ihren Koffern sitzend, eben heimgekehrt, ganz rasch einmal, was sie erlebt haben, nehmen sich gegenseitig das Wort aus dem Mund, zeigen die Photos, die sie mitgebracht haben, und sind seelenvergnügt, weil die Sache nun glücklich überstanden ist. Man hört ergötzt zu, lacht oft, unterhält sich famos und findet es dann am schönsten, daß man im Grunde doch ernst bleiben und so nebenbei allerhand denken mußte. Das Buch, das mit so kargen, treffenden, zierlich verschnörkelten Sätzen Rechenschaft von dieser Reise gibt, ist in seiner lachenden Frische ein bezauberndes Buch. Es bietet, wie im Wachsabdruck, die unwillkürlich geformten Porträts zweier junger, hochbegabter, rassiger Menschen, lebensvoll und lebenstoll. Und es zeigt, wie leicht es der Jugend wird, die Welt zu erobern, wenn sie's nur darauf ankommen läßt, in dieser Welt einmal gar kein Geld zu haben. Man soll dieses Buch lesen. Am besten zwischen zwei Romanen von Jack London. (Neue Freie Presse, Wien)

Eine Reizbarkeit des Empfindens, eine Treffsicherheit im einzelnen – mir von Kennern Amerikas bestätigt – ein Erwachen der ersten Ironie. Wer hat mit zwanzig schon Berlin und Paris erledigt und ist mit fünfundzwanzig in Hollywood, in Tokio, in Moskau gewesen und schreibt nachher ein Buch, das im Titel doch unerwartete Selbstkenntnis beweist: „Rundherum", eine peripherische Reise, doch Anmut und Kurzweil haben die Farbstifte für diese Bilderbogen hergegeben. (Neue Zürcher Zeitung)

Das Weltreisebuch zweier im Schutze ihres väterlichen Ruhmes vagabundierender junger Menschen mit offenen Augen. Eine Reisebuch ohne Prätentionen, frisch und lustig geschrieben; Erlebnis spiegelt sich unmittelbar. („Der Bund", Bern)

Z

S. Fischer Verlag · Berlin

Auslieferung: Leipzig C 1, Reclamstraße 42

In Wien vorrätig bei R. Lechner & Sohn, in Budapest bei Béla Somló

Anzeige aus dem «Börsenblatt für den Deutschen Buchhandel», 23. März 1929

zialisten in Deutschland – und Klaus Mann, der angesichts des Hitler-Regimes ohne Zögern ins Exil ging, nahm Jannings seine Kompromißbereitschaft sehr übel.[20] Die ungebrochene Faszination, mit der Jannings in «Rundherum» noch beschrieben wird, mußte daher im «Wendepunkt» einer polemischen Abrechnung weichen; dort wird dem «Biedermann» nachträglich die Maske vom Gesicht gerissen: «Es bedurfte eines geübteren psychologischen Blicks, als wir ihn damals hatten, um hinter dieser treudeutschen Fassade einen Charakter von kalter Schlauheit und rücksichtslosem Egoismus zu erkennen.»[21] Selbst der Chow-Hund der Familie Jannings erfuhr angesichts der politischen Korrumpierbarkeit seines Herrchens eine Neubewertung: Von dem laut «Rundherum» sanften, scheuen Tier heißt es im «Wendepunkt» unvermittelt, es habe «tückische kleine Augen»[22] besessen...

Klaus Mann hat im übrigen die Abenteuer der Weltreise noch Ende der zwanziger Jahre in einer Reihe weiterer literarischer Arbeiten verwertet. Aus der Geschichte der Madame Rivière, wie sie in «Rundherum» berichtet wird, formte er die Erzählung «Das Leben der Suzanne Cobière». Und die eigene enttäuschende Hollywood-Erfahrung wurde zur Grundlage des Prosatextes «Gegenüber von China»; darin erzählt Klaus Mann vom Schicksal eines jungen Deutschen, der versucht, in der Traumfabrik um jeden Preis Karriere zu machen – um am Ende desillusioniert abzureisen und (vielleicht) Schiffsjunge zu werden.[23] Auch ein Theaterstück gleichen Titels entstand 1929: die Komödie «Gegenüber von China». Sie thematisiert die Gegensätzlichkeit von amerikanischer und europäischer Jugend, wie sie in «Rundherum» vor allem in den Passagen über Princeton anklingt.[24] Das Stück allerdings wurde – wie vor der Weltreise die «Revue zu Vieren» – ein glatter Durchfall bei Publikum und Kritik.

Noch im selben Jahr 1929, als die Erstausgabe von «Rundherum» herauskam, erhielt Thomas Mann den Nobelpreis für

Literatur. Gerüchte, er werde die große Auszeichnung bekommen, hatte es schon in den Jahren zuvor gegeben. In einem Brief, den Thomas Mann seinen beiden Ältesten im Oktober 1927 zur ersten Station ihrer Weltreise schickte, hatte er darauf angespielt und hinzugefügt, er glaube nicht recht daran, daß die Gerüchte Wirklichkeit würden.[25] Zwei Jahre später wurde er nun tatsächlich auserwählt, und sein Weltruhm war endgültig besiegelt. Für Erika und Klaus Mann hatte das Ereignis einen höchst angenehmen Nebeneffekt, wie im «Wendepunkt» ohne Scheu berichtet wird: «Erika und ich bekamen ein Nobelpreis-Geschenk: All unsere Schulden wurden bezahlt, einschließlich jener, die wir auf unserem abenteuerlichen Bummel ‹rundherum› in Amerika und Japan gemacht hatten. Wir hatten zwar nichts davon, aber es erhöhte doch unsere Stimmung.»[26]

Uwe Naumann

Anmerkungen

1 Klaus Mann: Briefe und Antworten 1922–1949. Hg. von Martin Gregor-Dellin. Reinbek 1991, S. 54f

2 Klaus Mann: Der Wendepunkt. Ein Lebensbericht. Reinbek 1984, S. 178

3 Herbert Jhering: Von Reinhardt bis Brecht. Bd. II. Berlin 1959, S. 266

4 Zitiert nach Irmela von der Lühe: Erika Mann. Eine Biographie. Frankfurt a. M. 1993, S. 39

5 Zitiert nach Fredric Kroll: Vor der Sintflut. Klaus-Mann-Schriftenreihe, Bd. 3. Wiesbaden 1979, S. 9. – Krolls Untersuchung enthält die bisher ausführlichste und genaueste Analyse der Weltreise von Erika und Klaus Mann.

6 Zeitungsausschnitt im Thomas-Mann-Archiv, Zürich

7 Vgl. Klaus Mann: Kind dieser Zeit. Reinbek 1967, S. 75ff

8 Klaus Mann: Briefe und Antworten, a. a. O., S. 47

9 Vgl. ebenda, S. 47f

10 Vgl. Fredric Kroll, a. a. O., S. 26f

11 Der erste dieser dreizehn Berichte wurde kürzlich wieder gedruckt. Vgl. Klaus Mann: Die neuen Eltern. Aufsätze, Reden, Kritiken 1924–1933. Hg. von Uwe Naumann und Michael Töteberg. Reinbek 1992, S. 164–169. Die übrigen zwölf Artikel sind – teilweise wörtlich – in das Buch «Rundherum» eingeflossen.

12 Das Original-Typoskript von «Rundherum» ist nicht erhalten; so läßt sich nicht mehr ermitteln, wer von beiden Autoren welche Teile des Reiseberichts verfaßt hat und wie die Zusammenarbeit aussah. Vermutlich hat aber Klaus Mann den weitaus größeren Anteil des Textes geschrieben. Auf jeden Fall wurden für die Buchpublikation seine zahlreichen unterwegs verfaßten Artikel als Ausgangsmaterial verwendet.

13 Klaus Mann: Briefe und Antworten, a. a. O., S. 62

14 Erika Mann: Briefe und Antworten 1922–1950. Hg. von Anna Zanco Prestel. München 1984, S. 23f

15 Vgl. die Anzeigen des Fischer Verlags, die als Faksimiles im vorliegenden Band abgedruckt sind. Beide Anzeigen wurden uns

von dem Düsseldorfer Sammler Frank Hermann zur Verfügung gestellt, wofür ihm an dieser Stelle nachdrücklich gedankt sei.

16 Zitiert nach Fredric Kroll, a. a. O., S. 62

17 Erika Mann: Briefe und Antworten 1922–1950, a. a. O., S. 19

18 Siehe Zitat im Faksimile aus dem «Börsenblatt» im vorliegenden Band S. 152

19 Klaus Mann: Der Wendepunkt, a. a. O., S. 199f

20 Vgl. Klaus Mann: Auf verlorenem Posten. Aufsätze, Reden, Kritiken 1942–1949. Hg. von Uwe Naumann und Michael Töteberg. Reinbek 1994, S. 305–314 und 371–383

21 Klaus Mann: Der Wendepunkt, a. a. O., S. 189f

22 Ebenda, S. 189. – Fredric Kroll liefert in seiner Untersuchung (vgl. Anm. 5) eine genaue Analyse der Veränderungen, die Klaus Mann bei der Darstellung der Weltreise im «Wendepunkt» gegenüber dem Bericht «Rundherum» vornahm.

23 Beide Prosatexte sind abgedruckt in Klaus Mann: Maskenscherz. Die frühen Erzählungen. Hg. von Uwe Naumann. Reinbek 1990

24 Vgl. den Abdruck des Stückes in Klaus Mann: Der siebente Engel. Die Theaterstücke. Hg. von Uwe Naumann und Michael Töteberg. Reinbek 1989

25 Vgl. Erika Mann: Briefe und Antworten 1922–1950, a. a. O., S. 18

26 Klaus Mann: Der Wendepunkt, a. a. O., S. 214

Abbildungsnachweis

Sämtliche Abbildungen im Tafelteil entstammen der Erstausgabe von «Rundherum» aus dem Jahr 1929. Die Bildlegenden wurden unverändert übernommen.

Das Foto auf S. 147 stellte der Ullstein Bilderdienst zur Verfügung; die Vorlagen für die Abbildungen S. 149 und 152 stammen aus der Sammlung Frank Hermann, Düsseldorf.

Erika Mann

Erika Mann wurde am 9. November 1905 in München geboren, als ältestes Kind von Thomas und Katia Mann. Sie arbeitete zunächst als Schauspielerin und Journalistin. Anfang 1933 gründete sie in München das Kabarett «Die Pfeffermühle»; wenige Wochen später ging sie mit der Truppe ins Exil. Ab 1936 lebte sie überwiegend in den USA. Während des Zweiten Weltkriegs wirkte sie u. a. an den Deutschland-Programmen der BBC mit. 1952 kehrte sie nach Europa zurück, wo sie am 27. August 1969 in Zürich starb.

Mein Vater, der Zauberer
Herausgegeben von Irmela von der Lühe und Uwe Naumann
560 Seiten + 16 Seiten einfarbige Tafeln. Gebunden und als rororo 22282
Dieser Band dokumentiert die Geschichte einer außergewöhnlichen Vater-Tochter-Beziehung. Alle wichtigen Äußerungen Erika Manns über ihren Vater werden erstmals umfassend dokumentiert und kommentiert. Die zahlreichen Essays, Interviews und Briefe vermitteln ein höchst subjektives, aufschlußreiches Bild von Thomas Mann – eine Nahaufnahme des Schriftstellers, wie sie nur aus Sicht einer besonders engen Vertrauten möglich ist.

Zehn Millionen Kinder *Die Erziehung der Jugend im Dritten Reich.*
Mit einem Geleitwort von Thomas Mann
(rororo 22169)

rororo Literatur

Briefe und Antworten
Herausgegeben von Anna Zanco Prestel
Band 1. 1922 - 1950.
296 Seiten. Gebunden

Erika Mann / Klaus Mann
Escape to Life *Deutsche Kultur im Exil*
Herausgegeben und mit einem Nachwort von Heribert Hoven
424 Seiten. Gebunden und als rororo 13992

Erika und Klaus Mann
Rundherum *Abenteuer einer Weltreise. Mit Originalfotos. Nachwort von Uwe Naumann*
(rororo 13931)

Helga Keiser-Hayne
Erika Mann und ihr politisches Kabarett "Die Pfeffermühle" 1933 - 1937 *Texte, Bilder, Hintergründe*
160 Seiten. Gebunden und als rororo 13656

Klaus Mann

Klaus Mann, 1906 in München als ältester Sohn von Thomas und Katia Mann geboren, schrieb schon als Schüler Gedichte und Novellen. 1924 ging er als Theaterkritiker nach Berlin und lebte dort als exzentrischer Bohemien, der aus seiner Homosexualität nie einen Hehl machte. Während sein Vater mit pedantischer Disziplin Weltliteratur verfaßte, reiste Klaus Mann ruhelos durch die Welt. 1933 emigrierte er vor den Nazis. Im Exil schrieb er den Roman *Mephisto*, dessen Hauptfigur, der Schauspieler Höfgen, für Klaus Mann zum Symbol eines «durchaus komödiantischen, zutiefst unwahren, unwirklichen Regimes» wurde. Am 21. Mai 1949 starb Klaus Mann in Cannes an einer Überdosis Schlaftabletten.

Alexander *Roman der Utopie*
(rororo 15141)

Flucht in den Norden *Roman*
(rororo 14858)

Der fromme Tanz *Das Abenteuerbuch einer Jugend*
(rororo 15674)

Maskenscherz *Die frühen Erzählungen*
(rororo 12745)

Der siebente Engel *Die Theaterstücke*
(rororo 12594)

Speed *Die Erzählungen aus dem Exil*
(rororo 12746)

rororo Literatur

Mephisto *Roman einer Karriere*
(rororo 14821)

Symphonie Pathétique *Ein Tschaikowsky-Roman*
(rororo 22478)

Treffpunkt im Unendlichen *Roman*
(rororo 22377)

Der Vulkan *Roman unter Emigranten*
(rororo 14842)

Kind dieser Zeit
(rororo 14996)

Der Wendepunkt *Ein Lebensbericht*
(rororo 15325)

Ein Gesamtverzeichnis aller lieferbaren Titel von Kalus Mann, Heinrich Mann und Erika Mann finden Sie in der *Rowohlt Revue*. Vierteljährlich neu. Kostenlos in Ihrer Buchhandlung.
Rowohlt im Internet:
www.rowohlt.de

3253/7